MELITA H. ŠUNJIĆ
DIE VON EUROPA TRÄUMEN

Informationen über das aktuelle Programm
des Picus Verlags und Veranstaltungen unter
www.picus.at

MELITA H. ŠUNJIĆ

DIE VON EUROPA TRÄUMEN

WIE FLUCHT UND MIGRATION ABLAUFEN

PICUS VERLAG WIEN

INHALT

Across the Borderline

There's a place where I've been told
Every street is paved with gold
And it's just across the borderline.

And when it's time to take your turn
Here's a lesson that you must learn:
You could lose more than you'll ever hope
    to find.

When you reach the broken promised land
And every dream slips through your hands,
Then you'll know that it's too late to
    change your mind.

'Cause you've paid the price to come so
    far,
Just to wind up where you are,
And you're still just across the borderline.

RY COODER

VORWORT

In der Migrationsdebatte geht es stets nur darum, wie sich die Aufnahme von Flüchtlingen und Migranten auf unsere Gesellschaft auswirkt. Stellt die Ankunft dieser Menschen eine humanitäre Verpflichtung und kulturelle Bereicherung dar oder eine Gefahr und einen schleichenden Identitätsverlust für Europa? Es ist eine durch und durch eurozentristische Debatte.

Nie fragen wir uns, wie es den Betroffenen selbst geht. Was bedeutet der Massenexodus von jungen Leuten für die Familien daheim und für die Herkunftsländer? Und welchen emotionalen und monetären Preis zahlen die Migrierenden selbst? Von welchem Europa haben sie zu Hause geträumt und was davon haben sie tatsächlich vorgefunden?

Man sollte nicht nur über Flüchtlinge und Migrantinnen und Migranten reden, sondern auch mit ihnen. Ich habe im Laufe der letzten zehn Jahre an die zweitausend Asylsuchende aus Ost- und Westafrika, aus dem Nahen Osten und aus Afghanistan selbst interviewt beziehungsweise Protokolle solcher Gespräche meiner Mitarbeiterinnen und Mitarbeiter gelesen. Diese Gespräche fanden vor der Abreise, auf der Reise und nach der Ankunft statt. In den sozialen Medien habe ich den Austausch zwischen Schleppern und ihren potenziellen Kunden untersucht, um zu begreifen, wie deren Transaktionen ablaufen. Opfer von Menschenhändlerringen haben mir erzählt, wie sie angelockt und betrogen wurden. Überlebende von Bootsunglücken im Mittelmeer haben ihre Erlebnisse geschildert und in Europa lebende anerkannte Flüchtlinge haben beschrieben, wie sie sich hier fühlen und was von ihren Träumen übrig geblieben ist.

Dieses Buch enthält neun Kurzgeschichten über Männer und Frauen, die auf irreguläre Weise nach Europa gekommen sind. Die Texte porträtieren keine real existierenden Einzelpersonen, trotzdem ist nichts darin erfunden. Alle Details stammen aus Interviewprotokollen und sind tatsächlich Menschen widerfahren. Ich habe die typischen Beispiele nur neu zusammengesetzt, um die Vertraulichkeit der Interviews nicht zu verraten.

Seit Jahren nervt mich überdies, dass die Migrationsdebatte polarisiert und sehr emotional, aber ohne Sachkenntnis geführt wird. Begriffe werden durcheinandergewirbelt und diese hochkomplexe, facettenreiche Thematik wird sozusagen in Schwarz-Weiß diskutiert, ohne Rücksicht auf die vielen Zwischentöne. Es ist ein fruchtloser Austausch von ideologisch geprägten Justament-Standpunkten, der sich in einer Endlosschleife wiederholt, ohne Lösungen hervorzubringen.

Daher schließen sich an die Lebensgeschichten der Betroffenen mehrere Sachkapitel an, in denen die wichtigsten Aspekte der Migrationsdebatte allgemein verständlich erklärt und begründet und Lösungen aufgezeigt werden.

Ende 2019 beschloss ich, mein Wissen nicht länger nur mit Forscherinnen und Forschern in sogenannten »Experteninterviews« zu teilen, sondern es auch einer breiteren Öffentlichkeit zukommen zu lassen. Der Picus Verlag hat meinen Vorschlag für ein Buch spontan angenommen und trotz Coronakrise an dem Projekt festgehalten, wofür ich dankbar bin.

Wien, im Dezember 2020

ASIF AUS AFGHANISTAN

MEIN SOHN SOLL ARBEITEN,
STATT IN DER SCHULE ZU SITZEN

Die ersten fünfzehn Jahre seines Lebens verbrachte Asif in einem Dorf in den Stammesgebieten der Paschtunen im Nordosten Afghanistans. Es ist eine schwer zugängliche, ländliche Gegend mit großen Gehöften. Asif kannte nichts anderes. Die Straßen waren schlecht, Strom gab es nicht und die Landwirtschaft wurde ohne Maschinen betrieben, auch die Kinder halfen mit. Geld war stets knapp.

Wenn die Männer davon sprachen, dass die Taliban wieder die Macht in der Region übernommen hatten, hörte er kaum hin, es betraf ihn nicht.

Asifs Vater hatte drei Ehefrauen und achtzehn Kinder sowie eine wachsende Schar Enkelkinder. Insgesamt lebten mehr als fünfzig Personen auf dem Hof. Als jüngster Sohn wurde Asif von allen gemaßregelt und geprügelt, so war das nun einmal der Brauch. Getan wurde, was der Vater anordnete. Selbst Asifs verheiratete Halbbrüder mussten sich dem Willen des Patriarchen beugen. Als Familienoberhaupt war der für das Wohlergehen der gesamten Großfamilie verantwortlich und setzte alles daran, sie wohlbehalten durch Krise und Geldnot zu manövrieren.

Eine richtige Schule hatte Asif nie besucht, die gab es bei ihnen nicht. Nur wenn es die Sicherheitslage erlaubte, ging er zeitweise in die Medrese, die Koranschule, im nächstgelegenen Dorf, lernte ein paar Koranverse und notdürftig lesen. Mehr brauchte man in seiner Welt ohnehin nicht. Für das Bestellen der Felder ist kein Bücherwissen notwendig. Wenn Bargeld im Haus fehlte, stellten sich die jungen Männer der Familie frühmorgens an bestimmten Kreuzungen an der Landstraße auf und warteten auf Auftraggeber. Dann kamen Bauherren, Großbauern oder Händler und suchten sich ein paar Arbeiter aus. Auch Asif hatte als Tagelöhner schon auf dem Markt Kisten geschleppt und beim Ziegelbrennen mitgeholfen.

Asif hatte einen älteren Bruder, der wäre jetzt schon 18. Doch als er so alt war wie Asif jetzt, wurde er von den Taliban entführt und zum Kämpfen gezwungen. Ein Jahr später war er tot. Seither lebte der Vater in ständiger Angst, dass Asif dasselbe widerfahren könnte, denn die Taliban waren ständig auf der Suche nach jungen Kriegern.

Von der Welt wusste Asif nur wenig, denn er hatte seine Heimatprovinz noch nie verlassen, doch er hat einen Cousin in London, mit dem die Familie manchmal telefonierte. So ein Telefonat war jedes Mal eine schwierige logistische Herausforderung. Der Cousin vereinbarte mit dem »Telefon-Wallah« (in etwa Telefon-Heini, Telefon-Typ) in der dreißig Kilometer entfernten Stadt einen Gesprächstermin. Dieser schickte einen Boten zum Gehöft des Onkels und teilte ihm mit, wann sein Sohn anrufen würde. Zum vereinbarten Termin begab sich der Onkel mit anderen männlichen Familienmitgliedern in die Stadt. Einmal durfte auch Asif mit. Er war fasziniert von den Berichten des Cousins. Dieses London war unvorstellbar groß und reich, es gab viele Autos und Busse. Alle Straßen waren gepflastert, und es gab immer Wasser und Strom. Niemand wurde entführt, alle Kinder gingen in die Schule. Dort gab es immer Arbeit und man verdiente sehr viel Geld. Asifs Cousin bekam als Tellerwäscher achthundert Pfund im Monat, so viel könnte Asif zu Hause in zwei Jahren nicht verdienen.

Der Cousin hatte das zwar nie erwähnt, aber Asif hatte von Freunden gehört, dass die Frauen dort auf die Straße gingen und sich gar nicht bedeckten. Das konnte er sich nicht richtig vorstellen. Er hatte noch nie das Gesicht einer Frau gesehen, die nicht mit ihm verwandt war.

Eines Tages bekam der Vater Besuch von einem wichtigen Mann. Es war der lokale Vertreter eines Reisebüros in der Stadt, und jeder respektierte ihn, denn er wusste alles über die weite Welt. Er war schon viel gereist und half jenen Menschen, die Afghanistan verlassen wollten. Asif ahnte, dass es in dem Gespräch um ihn und seine Zukunft gehen würde, und er sollte recht behalten. Nachdem der Besucher gegangen war, rief ihn der Vater zu sich und teilte ihm mit, dass er schon bald nach London zu seinem Cousin reisen sollte. Der Mann vom Reisebüro würde alles organisieren.

Die Reise kostete umgerechnet siebentausend Euro, doch der Mann hatte angeboten, einen Käufer für ein großes fruchtbares Stück Land und einen Bräutigam für Asifs kleine Halbschwester zu finden. So hatte der Vater das Geld in wenigen Tagen beisammen und hinterlegte es beim Geldwechsler, dem Saraf, auf dem Bazar der Kreisstadt. Dieser fungierte nämlich als eine Art Treuhänder und würde den erlegten Betrag ratenweise an das Reisebüro auszahlen, sobald der Reisende bestimmte Destinationen erreicht hatte.

»Du wirst in einer Gruppe junger Männer mit einem Führer reisen. Mach mir keine Schande«, ermahnte ihn der Vater vor der Abreise. »Es wird einige Wochen dauern, doch dein Cousin wartet schon auf dich. Dieses London ist weit weg, dort können dir die Taliban nichts tun. Außerdem kannst du arbeiten und uns Geld schicken. Wer weiß, vielleicht kannst du auch andere Familienmitglieder nachholen?«

Am Abreisetag brachte der Vater Asif in die nächste Stadt zum Sammelpunkt, er segnete ihn und schärfte ihm ein, stets auf den Führer, den »Onkel« zu hören. Er sollte folgsam und respektvoll sein und ein guter Moslem bleiben.

Der »Onkel« verfrachtete Asif und ein Dutzend weitere Burschen auf die Ladefläche eines Pritschenwagens und sie fuhren in westlicher Richtung los. Ab und zu hielten sie an, um zu essen und sich die Beine zu vertreten, ansonsten verlief die Reise durch Afghanistan ruhig und Asif konnte erstmals in seinem Leben die vielen verschiedenen Landschaften seiner Heimat bewundern. In der Nähe der iranischen Grenze hielten sie an und warteten, bis es finster wurde. Dann übergab der Führer die Gruppe an den nächsten »Onkel«, der sie mit einem Kleinbus abholte. Der neue Führer sprach nur Dari, die zweite afghanische Sprache neben Paschtunisch, und Asif konnte ihn kaum verstehen. Den langen Erklärungen entnahm Asif nur, dass es gefährlich werden konnte und dass sie ganz still bleiben mussten, egal was geschah.

Als die Nacht hereinbrach, pferchte man die Jungen in den viel zu kleinen Minibus. Asif kam ganz unten zu liegen und konnte kaum atmen. Der Bus fuhr offenbar sehr schnell über unebenes Gelände, es ruckelte und rüttelte. Plötzlich hörte man Schüsse, eine Patrone durchschlug den Bus und einer der Burschen schrie auf. Der Bus war von der iranischen Grenzpolizei entdeckt worden, und die schoss immer ohne Vorwarnung, denn die Strecke war berüchtigt als Hauptroute für Drogenhandel und Menschenschmuggel. Der Wagen raste weiter und Asif hatte große Angst. Der neben ihm liegende Bursche blutete und röchelte.

Asif wusste nicht, wie lang die Fahrt dauerte, ihm kam es vor, als wären sie viele Stunden unterwegs gewesen, doch es war noch immer dunkel, als sie bei einem abgelegenen Gebäude anhielten und ausstiegen. Der schwer verletzte Bursche wurde fortgetragen und Asif sah ihn nie wieder.

In dem Haus bekamen sie zu essen und konnten auf Matratzen schlafen. Nur der jüngste von ihnen, ein kleiner Bub von rund zwölf Jahren, wurde vom »Onkel« weggebracht und kam verstört und weinend nach mehreren Stunden wieder zurück. Er wollte nicht sagen, was mit ihm geschehen war. Am nächsten Abend ging die Reise weiter. Dieser Ablauf wiederholte sich mehrere Tage, bis sie eine Gebirgslandschaft erreichten. Ihr Führer erklärte ihnen, dass es sich um das Van-Gebirge handelte, das den Iran von der Türkei trennte.

Am Abend kam ein neuer »Onkel« an, der sie zu Fuß über die Gebirgspässe führen würde. Er händigte ihnen auch Jeans und T-Shirts aus. »Zieht euch um. Mit euren afghanischen Kleidern fallt ihr in der Türkei gleich auf. Lasst sie da, die braucht ihr jetzt nicht mehr«, sagte der Führer. Asif fand das sehr aufregend. Er hatte noch nie etwas anderes getragen als das traditionelle paschtunische Kamis Partoog, bestehend aus Pluderhosen und langer Tunika aus demselben hellen Stoff. Die neue Hose war ihm zwar zu groß, aber er kam sich trotzdem richtig schick und westlich vor.

Ihre nächtliche Wanderung führte sie durch unwegsames steiles Gelände. Es war kalt und sie froren, denn die Kleidung war viel zu dünn hier in den schneebedeckten Bergen. Als einer der Burschen sich den Fuß verrenkte, mussten ihn die anderen abwechselnd stützen, was den Aufstieg noch mühsamer machte. Ihr Führer war nervös und trieb sie ständig zur Eile an. Immer wieder schlug er vor, den Verletzen einfach zurückzulassen, weil sie seinetwegen zu langsam vorankamen, »sonst erwischt uns alle die Grenzwache«. Doch die jungen Männer setzten sich gegen den Führer durch. »Wir lassen ihn nicht liegen«, sagten sie. Die Pausen, die sie einlegen durften, waren kurz und sie hatten nichts zu essen dabei. »Weiter, weiter!«, mahnte der neue »Onkel« pausenlos.

Unterwegs entdeckten die Wanderer plötzlich eine Kinderleiche am Wegrand. Das kleine Mädchen sei während der

Nacht erfroren und man habe es zurücklassen müssen, erklärte der »Onkel«. Ein Bursche, der Dari konnte, übersetzte es für die Paschtunen.

Asif hatte keine Zeit, über das Schicksal des Kindes nachzudenken. Der Abstieg war schwierig und in seinen Gummischlappen musste Asif sich bei jedem Tritt konzentrieren, um nicht abzustürzen. Bald war er so erschöpft, dass er nur wie in Trance einen Fuß vor den anderen setzen konnte. Wenigstens ließ die Kälte nach.

Endlich kamen sie zu einer versteckt gelegenen Hütte, wo es Kekse und Wasser gab. Eine andere Gruppe junger Afghanen war schon dort und wartete auf den Weitertransport. Jetzt hatten sie das Schlimmste hinter sich, dachte Asif und fühlte sich euphorisch. Endlich im Warmen und ausgestreckt schlafen dürfen, selbst wenn die Matratze stank.

Als er aufwachte, spürte Asif die Unruhe in der Gruppe. Ein neuer Führer hätte schon längst kommen und die erste Gruppe abholen sollen. Es gab kaum noch etwas zu essen. Ihnen war eingeschärft worden, dass sie die enge Hütte nicht verlassen durften und Aggression machte sich breit. Zwei Burschen prügelten sich, ohne dass jemand nachher hätte sagen können, warum der Streit ausgebrochen war. Am dritten Tag vernahmen sie endlich das Geräusch herannahender Autos und hofften, dass es nicht türkische Grenzsoldaten waren.

Zum Glück waren es die »Onkel« für den türkischen Abschnitt. Sie kamen in mehreren Pkws, die so präpariert waren, dass die Burschen im Kofferraum und unter den Sitzbänken versteckt werden konnten. Unter Stöhnen und Schreien wurde die erste Gruppe in die Verschläge gezwängt und fuhr ab. Asif und seine Gruppe hatten Proviant bekommen und mussten sich noch einen Tag gedulden. Dann wurden auch sie abgeholt und waren drei Nächte unterwegs. In wechselnde Fahrzeuge gezwängt und über Nebenstraßen holpernd erreichten sie schließlich Istanbul und Asif erblickte zum ersten Mal in seinem Leben das Meer. Es war gleichzeitig schön und angsteinflößend.

In dem Istanbuler Vorort durften sich die Burschen frei bewegen und Asif traf in den Straßen auf viele andere junge Afghanen. Sie zeigten ihm die Stadt, von der er sich überwältigt fühlte. So viele Menschen, Häuser und Fahrzeuge auf einmal hatte er noch nie gesehen. Einige seiner neuen Freunde waren schon länger in der Türkei. Bei manchen reichte das Geld nicht für die Weiterreise, andere waren von ihren Schleppern betrogen und im Stich gelassen worden. Nicht alle kamen direkt aus Afghanistan. Manche waren in Flüchtlingslagern im Iran aufgewachsen und von dort davongelaufen, als die Iraner sie zwingen wollten, nach Syrien kämpfen zu gehen.

Einige brachten sich mit Gelegenheitsjobs durch. Andere, vor allem die ganz jungen, verkauften ihren Körper, um zu überleben. Zwischen fünf und zehn Euro zahlten die Freier für ihre Dienste. Das reichte kaum fürs Überleben. Es würde also lange dauern, bis sie genug Geld ersparen konnten, um die Weiterreise zu bezahlen.

Von seinen neuen Freunden erfuhr Asif auch, dass es zwei Möglichkeiten gab, um in dieses sagenumwobene Europa zu gelangen: auf einem kleinen Boot über das Meer oder auf dem Landweg. Der Gedanke an eine Bootsfahrt entsetzte ihn, denn er konnte nicht schwimmen und hatte panische Angst vor dem Wasser. Zurück in der Unterkunft beruhigt ihn der hiesige »Onkel«. Asif und seine Gruppe würden auf dem Landweg nach Europa reisen.

In einem Telefonshop meldete sich Asif beim »Telefon-Wallah« seines Kreisstädtchens und bat ihn, seinem Vater auszurichten, dass alles in Ordnung war und dass er sich in Istanbul befinde. Sein Taschengeld war nun zur Gänze aufgebraucht, doch zum Glück hatte Asifs Vater eine ausreichende Summe für die gesamte Reise beim Saraf hinterlegt. Die Schlepper würden ihn also weiterbringen, er würde nicht in Istanbul festsitzen.

Nach zwei Wochen war es so weit. Die Schlepper stellten eine neue Reisegruppe aus rund zwanzig Jugendlichen und jungen Männern zusammen. Sie wurden in einen Fernlaster verfrachtet, der hinter dem Ladegut einen engen Verschlag eingebaut hatte, wo sie mit Mühe Platz fanden. Es war heiß und stickig, und die Fahrt dauerte viele Stunden. Trotzdem war Asif froh, dass er nicht in ein Boot steigen musste. Auf einsamen Parkplätzen durften die Passagiere einzeln das Versteck verlassen, um etwas zu essen und ihre Notdurft zu verrichten, dann ging es weiter durch Europa, Kilometer um Kilometer.

Als ein junger Mann in ihrem Verschlag einen Asthmaanfall bekam und nach Luft rang, wagte es niemand, Alarm zu schlagen und den Fahrer zu rufen, auch nicht, als der Bursche das Bewusstsein verlor. Die Angst vor Entdeckung durch die Polizei war zu groß.

Plötzlich hielt der Wagen abrupt an, die Reisenden hörten Lärm und Geschrei. Die Schritte und Stimmen kamen immer näher. Hundegebell war zu vernehmen. Dann wurde der Verschlag aufgerissen, doch Asif konnte zunächst gar nichts erkennen, zu geblendet war er vom Sonnenlicht. Erst nach und nach begriffen sie, was geschehen war. Die Polizei hatte den Wagen bei einer Stichprobe kontrolliert und das Geheimversteck entdeckt. Die jungen Männer taumelten benommen heraus. Als sich ihm ein großer Hund mit gefletschten Zähnen näherte, nässte sich Asif vor Angst ein.

Langsam ebbte das Geschrei ab. Der bewusstlose Junge wurde auf eine Trage gelegt und weggebracht. Den Fahrer führte man in Handschellen ab. Asif und seine Mitreisenden wurden in einen Polizeibus verladen. Man sei in Frankreich, behauptete einer der Burschen, der in seiner Heimatprovinz oft französische Truppen sprechen gehört hatte und glaubte, die Sprache zu erkennen. Wo und was Frankreich war, wusste Asif nicht, aber er begriff, dass er es wohl nicht schaffen würde, bis zu seinem Cousin in London durchzukommen.

Die Gruppe wurde in eine Art Gefängnis gebracht. Man gab ihnen zu essen und zu trinken, aber Asif wusste nicht, ob Schweinefleisch oder Alkohol dabei waren, und wollte zunächst gar nichts zu sich nehmen, obwohl er großen Hunger hatte. Erst als er die anderen essen sah, griff auch er zu. Dann saßen sie in dem versperrten Raum und warteten viele Stunden, bis ein Dolmetscher auftauchte. Einer nach dem anderen musste seinen Namen und seinen Geburtsort nennen. Die meisten Afghanen kennen ihr genaues Geburtsdatum nicht und können nur sagen, wie alt sie sind. Die Polizisten nahmen ihnen die Fingerabdrücke ab. Sie gingen grob mit den Burschen um, schlugen sie aber nicht, wie es die Polizei in Afghanistan wohl getan hätte. Dieses Europa ist ja doch ein besserer Ort, dachte Asif.

Er und die anderen Jugendlichen wurden von den über Achtzehnjährigen getrennt und weggebracht. Ein Bub begann zu weinen. Er war erst dreizehn Jahre alt und wollte bei seinem volljährigen Bruder bleiben, doch das erlaubte man ihm nicht.

Die kleine Gruppe wurde wieder in einen Wagen geschafft und zu einem Aufnahmezentrum für Minderjährige gebracht. Dort bekam jeder sein eigenes Bett und frische Kleidung zugeteilt. Man zeigte ihnen, wo sie duschen konnten, und erklärte, dass sie sich ausruhen sollen. Irgendjemand sagte ihnen noch, dass dieses Land Belgien sei und nicht Frankreich. Dann schlief Asif übermüdet und verunsichert ein.

Am nächsten Morgen begann ein ganz neues Leben für Asif. Er war in einem Heim für unbegleitete minderjährige Flüchtlinge, aber was das war, verstand er zu dem Zeitpunkt noch nicht. Andere afghanische Heimbewohner erzählten ihm, dass es einem hier recht gut gehe. »Demnächst werden sie dich fragen, was du in Europa willst, dann musst du sagen, du willst Asyl«, erklärte ihm sein neuer Zimmergenosse Rasul. Er war siebzehn Jahre alt und schon seit zwei Monaten hier. Es gefiel ihm gut. Man sprach tatsächlich Französisch, und Rasul war dabei, die Sprache zu lernen. »Wer hier wohnt, geht in die Schule. Da muss ich jetzt auch hin«, sagte er und ging mit seinem Rucksack davon.

Am Nachmittag erfuhr Asif mehr über seine neue Lage. »Bis du 18 bist, werden sie dich sowieso dabehalten. Aber dann können sie dich nach Afghanistan zurückschicken, wenn du dieses Asyl-Papier nicht bekommst. Das kann viele Monate dauern«, erklärte ihm sein Zimmergenosse. »Sie werden dich fragen, warum du gekommen bist, und du musst ihnen sagen, wie gefährlich es bei dir zu Hause ist«, instruierte er ihn.

Als Asif fragte, ob er arbeiten und Geld verdienen könne, wurde er enttäuscht. Nein, das sei nicht erlaubt. »Außerdem kannst du hier nicht einfach auf der Straße nach Jobs suchen wie daheim«, erzählte Rasul.

Allerdings bekam man hier ein wenig Taschengeld, und davon hatte sich Rasul schon eines dieser tollen Telefone gekauft. Es war ein gebrauchtes, aber man konnte damit kostenlos anrufen, wenn der andere auch so ein Telefon hatte. Rasul telefonierte täglich mit seinem Bruder in Schweden. Man konnte ihn sogar auf dem kleinen Bildschirm sehen, wenn man mit ihn sprach. Auch Fotos konnte man mit diesem Telefon machen oder Musik hören. »Im Heim gibt es WLAN«, sagte Rasul. Asif wusste zwar nicht, was das war, aber es schien wichtig zu sein und er wollte möglichst bald so ein Mobiltelefon besitzen. Nach und nach gewöhnte sich Asif an das Leben im Heim. Er bekam eine gesetzliche Vertreterin, eine nette junge Frau, die ihn regelmäßig besuchte und versuchte herauszufinden, warum er da war und was das Beste für ihn wäre. Anfangs war es irgendwie peinlich für ihn, einer unbekannten und unbedeckten Frau ins Gesicht zu sehen, weil man so etwas eigentlich nicht darf. Doch mittlerweile hatte er sich daran gewöhnt, Frauen und Mädchen zu sehen, doch er sprach nie mit seinen Klassenkameradinnen, wenn es sich vermeiden ließ. Wenn sie in der Stadt spazieren gingen, sprachen einige seiner Freunde sogar fremde Mädchen an, aber das kam Asif doch sehr unschicklich vor. Oft saßen sie im Park, tranken Red Bull und besprachen, was die Zukunft ihnen wohl bringen würde.

Asif begriff, dass er mehrere Monate auf ein eigenes Telefon sparen musste, doch vorläufig hatte er seiner Familie die Telefonnummer von Rasul mitgeteilt und einmal im Monat rief sein Vater an. Das war jedes Mal ein großer Stress für Asif, denn es gehörte sich nicht, dem Vater zu widersprechen. Doch der verlangte Unmögliches: Warum Asif denn nicht weiter nach London reise, wie geplant? Warum er Zeit mit Schule vertrödle. Er sei ein gesunder junger Mann und solle doch lieber arbeiten und Geld nach Hause schicken. Schließlich habe er, der Vater, große Opfer für seinen Sohn gebracht. Asif wusste nicht, wie er seinem Vater verständlich machen konnte, dass das hier in Belgien ganz anders lief.

Als er eines Tages über einen WhatsApp-Videoanruf mit dem Vater telefonierte, kam es zu einem großen Streit, denn der Vater sah, dass sein Sohn sich eine dieser modischen Undercut-Frisuren zugelegt hatte und westliche Kleidung trug. Asif bringe Schande über die ganze Familie, das sei unislamisch, schrie der Vater ihn an.

Asif war so eingeschüchtert, dass er beschloss, sein gesamtes angespartes Taschengeld nach Afghanistan zu schicken, um den Vater zu versöhnen. Er schwänzte einige Tage lang die Schule und versuchte, Arbeit zu finden. Dafür wurde er von seiner Rechtsvertreterin zurechtgewiesen und drehte vollends durch. An diesem Abend trank er zum ersten Mal in seinem Leben Alkohol, den einige seiner Freunde regelmäßig konsumierten. Am nächsten Tag war ihm elend und er fühlte sich noch schuldiger. Wem sollte er es recht machen und wie?

Auch Rasul war in diesen Tagen am Boden zerstört. Einer seiner Weggefährten hatte sich in Dänemark umgebracht, weil er depressiv war. Es war schon der zweite Selbstmord eines Freundes. Der andere war vor einen Zug gesprungen, als er abgeschoben werden sollte.

Nach einigen Monaten erhielt Asif einen negativen Asylbescheid und verfiel gänzlich. Eine Woche lang wollte er sein Bett nicht verlassen. Doch letztlich überzeugte ihn seine Rechtsvertreterin, dass sich vorläufig nichts an seiner Lage ändern würde. Sie berief in seinem Namen gegen die Entscheidung und Asif begann wieder die Schule zu besuchen und bemühte sich, besser Französisch zu lernen. Lateinische Schrift lesen und schreiben konnte er mittlerweile schon ganz gut.

An den Wochenenden traf er sich mit afghanischen Freunden im Park, aber von den Mädchen hielt er sich noch immer fern. So gingen zwei Jahre ins Land. Er hatte sich gut integriert und fühlte sich durchaus wohl im Heim. Stress bereiteten ihm nach wie vor die Telefonate mit seinem Vater, deswegen rief er ihn immer seltener an. Nun aber war er auf Facebook aktiv und korrespondierte mit seinen afghanischen Freunden in Istanbul und Europa auf Paschto, aber in lateinischer Schrift. Das fiel ihnen allen schon leichter als das ordnungsgemäße arabische Alphabet.

Woran sich Asif nicht gewöhnen konnte, war das Alleinsein. Aufgewachsen in einer Großfamilie mit mehreren Dutzend Mitgliedern empfand er sein neues Einzelzimmer nicht als Vergünstigung, sondern als Belastung. Und weil es vielen anderen jungen Afghanen in Europa ebenso erging, hatten sie sich etwas ausgedacht, das die Einsamkeit abmilderte. Im WLAN des Asylheims hatte Asif permanent die WhatsApp-Videofunktion seines Handys aktiviert und war so ständig mit mehreren Freunden verbunden. Egal ob einer schlief, seine Schulaufgaben machte oder aß, sie konnten einander immer sehen. Auf diese Weise fühlte es sich fast ein wenig an wie das Zusammenleben mit den vielen Geschwistern zu Hause.

In der Schule hatte Asif noch viel nachzuholen, aber er strengte sich jetzt wirklich an. Er wollte nämlich gerne Automechaniker werden. Autos hatten ihn immer schon fasziniert. Er dachte nicht darüber nach, dass er vielleicht gar nicht in Europa bleiben würde können, denn beim Gedanken an Rückkehr bekam er Magenschmerzen. Erstens fürchtete er sich vor der Reaktion des Vaters, zweitens würde er sich in Afghanistan gar nicht mehr wohlfühlen. Europa war so anders, so frei und sicher, und es gefiel ihm viel besser. Bald würde er volljährig sein. Sollte sein Asylantrag endgültig abgelehnt werden, würde er es machen wie einige Bekannte. Er würde untertauchen und versuchen, sich doch noch nach London durchzuschlagen. Dort würde sein Cousin ihm schon weiterhelfen.

DJAMAL UND BECCA
AUS SYRIEN

AUF DER BALKANROUTE IN DIE EHEKRISE

»Das WLAN funktioniert wieder einmal nicht, was für eine Katastrophe«, stöhnte der Leiter des Flüchtlingsaufnahmezentrums in Sarajevo und Becca konnte es ihm nachempfinden. Ihr Mann Djamal und ihre beiden Söhne hingen ständig an ihren Handys, sprachen mit Verwandten in aller Welt und sahen sich Bilder und Filme auf Facebook an. Djamal studierte die Angebote von Schleppern und ihre Preise. Und er lud sich Landkarten und Videos herunter, die genaue Anweisungen enthielten, wie man von Bosnien nach Kroatien und weiter nach Italien gelangen konnte.

Und weil das nicht nur Djamal und ihre Kinder so machten, sondern praktisch jeder Bewohner des Hauses, brach das Netz immer wieder zusammen. Dann beschwerten sich alle beim Heimleiter und es herrschte schlechte Stimmung im Haus. Dennoch war Becca froh, dass die Familie hier bei dieser privaten Hilfsorganisation untergekommen war und nicht auf der Straße schlafen musste wie manche ihrer syrischen Landsleute.

Aber das war kein menschenwürdiges Leben. Ihre Kinder waren noch ganz klein gewesen, als der Krieg in Syrien ausbrach. Jetzt waren sie zwölf und dreizehn Jahre alt und hatten nie bewusst eine Zeit der Normalität erlebt. Vor dem Krieg, also vor einer gefühlten Ewigkeit, hatte Djamal als Krankenpfleger in Aleppo gearbeitet. Sie hatten in einem großen Haus außerhalb der Stadt mit seinen beiden Brüdern und deren Familien gewohnt und Becca war damals überzeugt gewesen, dass sie alle in dem Haus zusammen alt werden würden.

Doch der Krieg änderte alles. Ein Bruder verließ Syrien sofort und fuhr mit Frau und Kindern in den Libanon. Dort wollte er ein, zwei Jahre ausharren, bis sich die Lage beruhigte, und dann wieder zurückkommen. Er war immer noch in Tripoli im Norden des Libanon.

Der zweite Bruder verließ Syrien 2015 und lebte nun mit seiner Familie in den Niederlanden. Djamal und Becca blieben, weil Becca ihre krebskranke Mutter nicht im Stich lassen konnte. Sie trotzten den Kämpfen und Bombardements und waren froh, dass ihr kleines Städtchen ein wenig abseits lag und selten Schauplatz direkter Kampfhandlungen wurde.

Die Arbeit in Aleppo musste Djamal aber aufgeben, denn es wurde immer umständlicher und gefährlicher, jeden Tag hin und her zu fahren. Er hielt sich mit Gelegenheitsarbeiten über Wasser. Becca hielt Hühner und baute im Hof Gemüse an, das half ein wenig. Die Kinder kannten keine regelmäßige Schule und wussten nicht, was eine sorgenfreie Kindheit ist. Sie lebten täglich in Angst vor Angriffen aus der Luft oder von Bodentruppen. Hilfspakete kamen selten durch.

Medikamente für die Mutter waren auch nicht mehr zu bekommen. Als klar wurde, dass sie nicht mehr lange leben würde, begann Djamal die Flucht zu planen. Geld legte er in Goldschmuck an, den konnte man mitnehmen. Er schaffte sich ein neues Smartphone an, fotografierte alle ihre Dokumente ab und machte Bilder vom Haus und von den alten Familienfotos.

Wohin sollten sie gehen? Der Libanon war keine Option. Zwar sprach man dort Arabisch, aber die Lage der syrischen Flüchtlinge war sehr schwer. Ihr Schwager berichtete auf WhatsApp davon, dass die Syrer leicht Jobs fanden, weil sie als fleißig und gut ausgebildet galten. Mancher Unternehmer entließ seine einheimischen Arbeitskräfte, um Syrer zu einem viel geringeren Lohn einzustellen. Der Unmut der Bevölkerung richtete sich aber nicht gegen die libanesischen Arbeitgeber, sondern gegen die ausgebeuteten Syrer.

Djamals Bruder lebte mit seiner Familie in einer Garage in Untermiete und zahlte dafür mehr als ein Libanese für eine ganze Wohnung. So erging es den meisten Syrern. Die internationalen humanitären Organisationen hatten viel zu geringe Budgets und konnten nur den allerbedürftigsten Flüchtlingen helfen.

Es gab antisyrische Demonstrationen, Syrer wurden auf offener Straße beleidigt und bespuckt. Dabei war kein Syrer freiwillig weggegangen, sie waren vor dem Krieg geflüchtet. Eigentlich sollten gerade die Libanesen das nachvollziehen können, dachte Becca. Von den arabischen Brudervölkern hatte sie sich mehr Solidarität erwartet.

Ganz anders erging es Djamals jüngerem Bruder, der in den Niederlanden Asyl bekommen hatte. »Kommt her, hier wird es euch gut gehen und wir freuen uns, wenn wir euch wieder in der Nähe haben«, sagte er jedes Mal, wenn sie miteinander sprachen. »Hier bekommt man jeden Monat Gehalt, egal ob man arbeitet oder nicht. Auch für die Kinder zahlen sie einem was«, erzählte er. Man konnte angeblich jederzeit zum Arzt, ohne zu zahlen, die Schule war auch gratis. Becca konnte es kaum glauben, wie gut das Leben in den Niederlanden sein musste.

Als Beccas Mutter schließlich starb, war die Entscheidung schon gefallen. Sie würden dem Schwager in die Niederlande folgen. Sie verkauften Haus und Grund zu einem lächerlich niedrigen Preis und machten sich auf den Weg. Per Bus gelangten sie zur Grenze und durch die Türkei, das war nicht billig, aber es war auch nicht weiter schwierig. Sie mussten nach

Behram und dort ein Boot nach Lesbos nehmen. Das hatte Djamal alles auf Facebook herausgefunden und geplant. Damit waren sie auch schon in der EU und konnten um Familienzusammenführung mit dem Bruder ansuchen. Dann würde man sie per Flugzeug nach Amsterdam bringen und die Niederlande würden für alle Kosten aufkommen. Es war ganz leicht.

Unter diesen drängenden Umständen war die Trauer um die Großmutter kurz. Die Kinder waren sehr aufgeregt und freuten sich auf ihre Cousins und Cousinen, die sie hauptsächlich vom Chatten auf dem Handy kannten. Besonders aufregend fanden sie, dass die Kinder ihres Onkels jeden Tag mit einer richtigen Straßenbahn zur Schule fuhren, und sie sahen sich auf Google Street View alles ganz genau an, um sich auf dem Schulweg nicht zu verlaufen, wenn sie dann dort waren.

Bis Lesbos ging alles plangemäß. Die Bootsfahrt hatte Becca Angst gemacht, denn an dem Abend war der Wellengang hoch und keiner von ihnen konnte schwimmen, aber schließlich erreichten sie die Insel und gingen überglücklich an Land.

Als man sie ins Lager Moria brachte, wurde ihnen bewusst, dass sie das Paradies noch nicht erreicht hatten. Das Erste, was sie in der Nacht mitbekamen, war der Gestank nach Urin und Fäkalien. Dann erblickten sie das Lager. Es war heillos überfüllt. Ausgelegt für rund dreitausend Menschen beherbergte es über zehntausend Personen mehr schlecht als recht. Manche wohnten in Containern, manche in Zelten, die auf Paletten aufgesetzt waren, damit sie bei Regen nicht im Schlamm versanken. Einige aber hatten nicht einmal das, sondern lebten unter aufgespannten Planen. Becca und ihre Familie bekamen ein Zelt zugewiesen, das eng zwischen anderen Zelten eingezwängt war.

Die ersten Tage trösteten sich Djamal und Becca noch damit, dass sie es ja nur für eine Übergangsperiode hier aushalten mussten. Sie stellten sich stundenlang an, um Essen zu bekommen. Zum Klo musste man eine lange Strecke zurücklegen, und wenn sie oder die Kinder in der Nacht hinausmussten, ging Djamal immer mit, denn ihre Zeltnachbarn hatten ihnen erzählt, dass Frauen, aber auch Kinder im Dunkeln oft überfallen wurden.

Sie wollten den Behörden ihre Situation erklären und ihnen sagen, dass der Schwager schon auf sie wartete und sie aufnehmen wollte, doch so weit kam es nie. Sie mussten auf einen Termin warten, hieß es. Andere Syrer erzählten ihnen, dass sie sich schon seit fast einem Jahr vergeblich um einen Termin bemühten.

Im Lager gab es manchmal Strom, dann wieder nicht. Man wusch sich aus einem Schlauch auf dem Boden mit kaltem Wasser und so musste Becca auch die Wäsche waschen. Zum Trocknen spannte sie sie über Büsche oder über das Zelt und dachte in solchen Momenten mit Wehmut an ihre Waschmaschine zurück.

Im Lager herrschten große Spannungen. Die Bewohner waren frustriert und aggressiv, immer wieder gerieten einzelne Menschen oder ganze Gruppen aneinander. Afghanen gegen Iraker, Afrikaner gegen Syrer. Einmal wurde ein junger Mann direkt vor ihrem Zelt niedergestochen. Becca war froh, dass das in der Nacht geschehen war und ihre Söhne es nicht mitbekommen hatten.

Moria war die Hölle. Becca hatte ständig Angst um sich und ihre Familie. Besonders schlimm war es, als mehrere Kinder im Lager an Gehirnhautentzündung starben. Da wollte Djamal seine Söhne wegen der Ansteckungsgefahr überhaupt nicht mehr aus dem Zelt lassen. Doch die waren nun einmal Kinder und wollten nicht eingesperrt sein. Djamal hatte in seiner Verzweiflung auf die Kinder eingeschlagen und auch Becca

erstmals eine Ohrfeige verpasst, als sie die Lage beruhigen wollte. Dabei war er doch sonst ein friedlicher Mann. Was hatte
Moria nur aus ihm gemacht!

Als die Nächte im Herbst kühler wurden, froren sie in ihrem
dünnen Zelt. In einem Bereich des Lagers hatten Flüchtlinge
ein Feuer gemacht, um ihre Kinder zu wärmen, und damit
einen Brand ausgelöst, der in dem engen Lager viele weitere
Zelte erfasste. Die meisten kamen mit leichten Verbrennungen
und Rauchgasvergiftungen davon, aber es gab auch Todesopfer.

Als beide Kinder einmal Fieber bekamen, war es gar nicht
leicht, in der überrannten Lagerklinik zu einem Arzt durchzu-
dringen. Glücklicherweise war es nur eine leichte Bronchitis
und bald vorbei. Schlimmer erging es ihrer Nachbarin, die
eine Fehlgeburt erlitten hatte und fast verblutete, während vier
Männer sie auf einer Decke im Laufschritt zur Klinik trugen.
Becca schauderte, wenn sie an die Lage auf Lesbos zurück-
dachte.

Eines Tages hieß es, ein Teil der Bewohner würde bald aufs
Festland gebracht, in ein anderes Lager. Beccas Familie stand
auch auf der Liste. Alhamdulillah!

Wieder diente das Handy als Informationsquelle. Djamal
fand heraus, dass man von Griechenland entweder über den
Kosovo oder über Albanien weiterreisen konnte. Albanien war
die familienfreundlichere Route, entnahm er den Erfahrungs-
berichten derer, die schon vor ihnen diese Reise gemacht hatten. In Griechenland würden sie auf keinen Fall bleiben, noch
ein paar Monate in so einem Lager würde er nicht aushalten,
sagte Djamal, und Becca stimmte ihm zu.

Als sie in Athen ankamen, setzten sie sich von der Gruppe ab und fuhren mit Bussen Richtung Nordwesten. Für das
letzte Stück nahmen sie eines der Taxis, die in Ioannina schon

auf die Flüchtlinge warteten. Die Fahrer wussten, wo man am besten über die grüne Grenze gehen konnte, und so fuhr ein ganzer Konvoi abends in diese Richtung. In Gruppen von zehn bis fünfzehn Leuten machten sie sich auf den Weg. Auf Facebook hatten sie gelesen, dass die albanische Polizei korrekt mit Flüchtlingen umging.

So war es dann auch. Sie wurden entdeckt und kamen nach Gjirokastra in ein Zimmer in einer Transitunterkunft. Dort konnten sie erstmals seit Langem warm duschen und in richtigen Betten schlafen, welch ein Luxus!

Dann ging es weiter nach Tirana, von dort ins Nachbarland Montenegro. Überall wies man ihnen akzeptable Unterkünfte zu, manchmal in Gebäuden, manchmal in Containern. Sie bekamen warme Mahlzeiten, schliefen in Betten und zogen weiter, sobald sie sich erholt hatten. Sie gingen viel zu Fuß, doch für die ganz langen Strecken fanden sich immer Fahrer, die gegen Bezahlung Taxi spielten und so ein willkommenes Zubrot verdienten. Es war ein gut funktionierendes System, von dem alle profitierten. Die Menschen waren freundlich und hilfsbereit.

Hier gab es in allen Aufnahmezentren WLAN, und so konnten sie wieder regelmäßiger mit ihren Verwandten in Kontakt sein. Djamals Bruder in den Niederlanden erzählte ihnen, dass er versucht hatte, die Familienzusammenführung einzuleiten, aber die Behörden hatten das abgelehnt. Die Regelung gelte nicht für erwachsene Brüder, nur für minderjährige Söhne und Töchter. Sie sollten auf eigene Faust in die Niederlande kommen, dann werde man schon weitersehen.

Nun warteten sie also eine Regenperiode in Sarajevo ab und wollten danach weiter durch Kroatien und Slowenien bis nach Italien. Ab dort gab es keine Passkontrollen mehr, hatte Djamal im Internet gelesen, dann würde endlich alles gut.

Nach zwei Wochen Regen klarte es auf und Becca legte ihre

grüblerische Stimmung ab. Sie wollte nicht mehr zurückschauen, nur nach vorne, in eine bessere Zukunft.

Per Bus fuhr die Familie nach Bihać, eine Grenzstadt zu Kroatien, und fand auch dort bald ein Aufnahmelager. Für die allein reisenden Männer war es schwierig unterzukommen, doch für Familien mit Kindern gab es fast immer Betten, auch wenn es manchmal sehr eng wurde.

Wieder hatte Djamal sich schlaugemacht. Man musste einen Schlepper finden, der einen nach Kroatien brachte, ohne dass man erwischt wurde, denn die Grenzpolizei kontrollierte sehr scharf und schickte jeden zurück. Auch gab es Minenfelder, die man unbedingt umgehen musste. Einen Schlepper zu finden war kein Problem, die mischten sich ganz offen unter die Lagerbewohner und hielten in den Zentren ungeniert ihre Beratungs- und Verkaufsgespräche ab. Arabischsprachige Keiler arbeiteten mit ortskundigen einheimischen Führern zusammen. Djamal sollte für den Grenzübertritt mehrere Hundert Euro pro Person zahlen, da würde sein Bruder wohl aushelfen müssen. Tatsächlich wies der das Geld über Western Union an und Djamal einigte sich mit einem der Schlepper, den ihm andere Syrer als vertrauenswürdig empfohlen hatten. Djamal hatte auch gesehen, dass es richtige Schlepperbewertungen im Netz gab, so wie man Hotels bewertete.

Wenn jemand das Lager verließ und sich nach langem Fußmarsch durch Kroatien endlich nach Italien durchgeschlagen hatte, schickte er gleich Bilder und Grußbotschaften an die ehemaligen Mitbewohner, und sofort breitete sich im Lager neuer Optimismus aus. Dann wollten alle anderen auch sofort aufbrechen.

Schließlich kam auch für Becca und ihre Familie der Abreisetag. »Game« hieß die Reise im Schlepperjargon. Sie gingen also auf ihr Game. Der Führer lotste sie durch eine dicht bewaldete

Gegend. Untertags und bei Schlechtwetter war es besser als nachts, denn da würden sie Taschenlampen brauchen und so weithin sichtbar sein.

Doch aus dem Game wurde bald ernst, die kroatische Polizei griff die Gruppe mehrere Kilometer hinter der Grenze auf. Einige junge Männer versuchten wegzulaufen, doch sie wurden überwältigt und mit Stöcken brutal geschlagen. Einem Burschen wurde der Arm gebrochen. Alle wurden durchsucht, sogar die Kinder. Man nahm ihnen alles Geld und die Smartphones ab und schickte sie über die Grenze zurück nach Bosnien. Djamal und Becca waren fassungslos. All ihre Dokumente, Fotos, und Kontakte, waren in dem Telefon gespeichert. Alles war weg.

Zurück im Heim riefen sie den Schwager auf dem Handy eines Mitbewohners an und erzählten, was ihnen widerfahren war. Der war bestürzt. Er hatte keine Ersparnisse mehr und versprach, sich Geld auszuborgen und zu schicken.

Es dauerte über zwei Wochen, bis sie Nachricht bekamen, dass das Geld bereit war. Djamal holte es ab und kaufte sich als Erstes ein Smartphone. Er musste nun alle Landkarten wieder herunterladen, vor allem die Weitwanderwege durch Kroatien und die Kommentare und Ratschläge der Syrer und Iraker, die diese Strecken schon zurückgelegt hatten. Djamal recherchierte alles ganz systematisch und erfuhr, welche Vorsichtsmaßnahmen man ergreifen musste. Die erste Hürde war die Grenze und das Grenzgebiet. Sobald man das verlassen hatte, sollte man sich im bewaldeten Gebiet fortbewegen und es nur verlassen, wenn es gar nicht anders ging und man einkaufen musste. Da war es besser, die kleinen Dörfer zu meiden und in Städtchen mit Supermarkt einzukaufen. Am besten man schickte hellhäutige Mitreisende, die nicht auf den ersten Blick als Flüchtlinge erkennbar waren, denn in Kroatien war die Bevölkerung ihnen nicht freundlich gesinnt und konnte einem die Polizei an den Hals hetzen.

Zu Fuß, so hatte Djamal herausgefunden, brauchten gesunde Erwachsene etwa zehn Tage bis zur italienischen Grenze.

Diesmal fand Djamal einen billigeren Schlepper. Der brachte eine kleine Gruppe Syrer an die kroatische Grenze, wies ihnen die Richtung und wünschte ihnen alles Gute. Djamal hatte das übrige Geld auf alle Familienmitglieder verteilt. Jeder trug einen Teil am Körper und sie hofften, etwas zu retten, falls sie wieder aufgegriffen wurden. Becca hatte in Bihać Leute getroffen, die es schon zwanzigmal versucht hatten. Djamal hatte eine richtige Landkarte aus Papier dabei und hatte das Telefon ausgeschaltet, um die Batterie zu schonen. Sie bewegten sich vorsichtig und leise und Becca betete still um göttliche Führung. Sie hatten doch wirklich genug gelitten, jetzt hatten sie ein bisschen Glück verdient.

Sie schafften es ohne Zwischenfälle nach Kroatien, doch dann wurde es eine mühevolle Wanderung. Die Füße taten ihnen allen weh, sie hatten Muskelschmerzen und einmal verknackste sich ihr jüngerer Sohn den Knöchel und musste eine Strecke lang getragen werden. Die Männer wechselten sich ab und so fielen Djamal und seine Familie nicht zurück, sondern konnten bei der Gruppe bleiben. Es war interessant, dachte Becca, dass diese gemeinsame Flucht die Menschen richtig zusammenschweißte. Sie hatte das Gefühl, dass sie alle in diesen wenigen Tagen zu einer Art Familie geworden waren.

In den Nächten war es noch immer warm und so mussten sie wenigstens nicht frieren. Einmal regnete es heftig, sodass alle bis auf die Knochen nass wurden, aber die Kleidung trocknete auch rasch wieder. Es gab einige unangenehme und einige freundliche Begegnungen mit Einheimischen und Touristen, die auf den gleichen Wegen wanderten, immerhin verriet sie keiner von ihnen an die Polizei.

Zwölf Tage waren sie unterwegs, dann hatten sie Triest erreicht. Alle waren abgemagert und ausgezehrt. Besonders den Kindern sah man die Anstrengungen an, aber alle waren glücklich und erleichtert.

Sie fanden die Busstation und kauften Tickets. Fünfundzwanzig Stunden sollte die Reise dauern und dann würden sie endlich am Ziel sein. Der Bus war komfortabel und hatte WLAN. »Jetzt ist alles gut!«, sagte Djamal, doch Becca war skeptisch. Wie oft hatten sie das im letzten Jahr geglaubt, und dann war es anders gekommen. Sie sollte mit ihren düsteren Vorahnungen recht behalten. In Österreich wurden sie angehalten und kontrolliert. Djamal und seine Familie hatten nicht die notwendigen Papiere und wurden aus dem Bus geholt.

Jetzt saßen wie wieder in einem Aufnahmelager und ein arabischsprachiger Rechtsberater erklärte ihnen, dass sie hier um Asyl ansuchen mussten. Er fragte, ob man ihnen irgendwo anders in Europa schon die Fingerabdrücke abgenommen hatte, aber das konnten sie verneinen. »Na gut, dann kann man euch nicht in ein anderes Land zurückschicken«, teilte er ihnen mit.

Das war vor mehreren Monaten. Nun waren sie in einem Asylwerberheim untergebracht. Die Kinder gingen erstmals in ihrem Leben regelmäßig in die Schule und konnten schon lateinische Schrift lesen und schreiben. Die arabische Schrift hatten sie zwar einmal gelernt, aber schon längst das meiste vergessen, was Djamal erzürnte. Deutsch lernen war schon schwieriger, doch die Kinder bemühten sich. Djamal hingegen weigerte sich, Deutsch zu lernen. Das war Zeitverschwendung, sagte er, er wollte doch Niederländisch sprechen. Richtige Kurse wurden ohnehin nicht angeboten, denn Djamal und Becca waren im Asylverfahren und es war noch nicht klar, ob sie überhaupt bleiben konnten.

Becca versuchte Djamal sanft darauf vorzubereiten, dass sie wohl nie in die Niederlande kommen würden und dass sie sich lieber auf Österreich einstellen sollten, doch er wollte davon nichts hören und wurde manchmal richtig aggressiv. »Was soll ich hier? Ich weiß nichts von Österreich und will da nicht bleiben. Mein Bruder ist in Amsterdam. Da müssen wir hin.«

Auch der Rechtsberater sagte, Djamal müsse mit den Behörden kooperieren, er schade nur sich selbst und seiner Familie mit seinem Trotz und seiner Streitsucht. Doch Djamal war nicht zu beruhigen. Immer wieder schrie er herum, er schimpfte nicht nur auf Frau und Kinder, sondern auch auf die anderen Bewohner und die Betreuer. Immer öfter rutschte ihm die Hand aus, er schlug Becca und die Kinder und wurde mehrere Male von der Heimleitung verwarnt. Einmal kam sogar die Polizei.

Die Sozialarbeiterin des Heimes hatte Becca nach diesem Vorfall zur Seite genommen und ihr erklärt, dass sie auf Wunsch mit ihren Kindern wegziehen könnte. Man würde sie dann weit weg von ihrem Ehemann sicher unterbringen. Sie könnte sich in Österreich auch scheiden lassen. Danach war Becca geschockt. Noch nie hatte sie an Trennung gedacht. Was würde die Familie dazu sagen? Undenkbar. Sie hatte zwar gehört, dass sich in Europa viele Syrerinnen scheiden ließen, aber sie konnte sich das nicht vorstellen. Sie verstand Djamals Frustration und wollte ihm in dieser schweren Zeit beistehen, wie es sich für eine gute Ehefrau gehörte.

Sie waren schon dem Krieg entkommen, hatten gemeinsam die Hölle von Moria und die Schrecken der Balkanroute überstanden. Jetzt gingen die Kinder in die Schule, sie hatten Aussicht auf ein Leben in Frieden, da würde sie die letzten Hürden mit Djamal auch noch nehmen.

Was sollte sie schließlich als geschiedene Frau mit zwei Kindern in einem fremden Land anfangen? Frauen ohne Ehemann lebten ohne Ehre, dachte sie und erinnerte sich an das alte

Sprichwort, das ihre Mutter immer zitiert hatte, wenn es um unglückliche Ehefrauen ging: Der Schatten eines Mannes ist besser als der Schatten einer Wand.

BERHANE AUS ERITREA

DIE ZUKUNFTSANGST ALS STÄNDIGE BEGLEITERIN

Drei Jahre hatte Berhane auf dieses Asylinterview gewartet. Jetzt saß der zweiundzwanzigjährige Eritreer vor dem Beamten und der Dolmetscher übersetzte die Frage: »Warum sind Sie nach Italien gekommen? Was hat Sie bewogen, Ihre Heimat zu verlassen?« Berhane hatte gewusst, dass diese Frage kommen würde, er hatte sie erwartet und sich seine Antwort zurechtgelegt. Trotzdem traf sie ihn wie ein Keulenschlag und er begann haltlos zu weinen. Berhane erlitt einen Nervenzusammenbruch und musste ärztlich versorgt werden. Das Interview wurde abgebrochen. Berhane hatte sehr lange auf dieses Asylinterview gewartet, und jetzt konnte es wieder ewig dauern, bis er einen neuen Termin bekam.

Als er von seiner Beruhigungsspritze im Bett des Asylwerberheims aufwachte, schämte er sich. Man zeigte seine Gefühle nicht so offen, schon gar nicht vor Fremden. Aber die Frage hatte so vieles in ihm aufgewühlt und an die Oberfläche geschwemmt.

Er dachte zurück an Eritrea. Seine beiden älteren Brüder waren zum Militär eingezogen worden und nie wieder nach Hause zurückgekehrt. Der eine wurde seit fünf Jahren in einem Bergwerk weit weg von seiner Heimatstadt als billige Arbeitskraft eingesetzt. Sein Militärdienst wurde immer wieder »verlängert«. Als Rekrut musste er von einem geringen Taschengeld leben. Er konnte weder studieren, wie er es vorgehabt hatte, noch seine Verlobte heiraten.

Sein zweiter Bruder war erst vor zwei Jahren eingezogen worden, doch auch seinen Dienst hatten sie verlängert. Er war als Verwaltungskraft in einer Kaserne eingesetzt, aber wenigstens in derselben Stadt wie die Familie.

An Berhanes 17. Geburtstag war ihm nicht nach feiern zumute gewesen. Er hatte Angst vor der Zukunft in Eritrea. Doch er hatte von Europa gehört, davon, wie wunderbar es dort war. So beschloss er, wegzugehen, wie es viele seiner Altersgenossen getan hatten. Nur wenige seiner Freunde besaßen ein Smartphone, aber er hatte doch einige Bilder gesehen, und am meisten hatte ihn ein Selfie beeindruckt, auf dem hinter einem jungen Eritreer eine Straßenszene in Paris zu sehen war. Unter anderem sah man darauf eine freundliche Frau mit einem Hund spazieren gehen. Dort wollte er auch hin, da waren die Leute sicher nett und hilfsbereit und man lebte in Freiheit.

Was hätte Berhane also dem Asylbeamten antworten sollen? »Ich bin gekommen, weil ich ein drohendes Übel gegen das Paradies eintauschen wollte. Und in Wirklichkeit habe ich ein bekanntes Übel durch viele unerwartete und unbekannte Übel ersetzt.« Er stellte sich oft und oft die Frage, ob er richtig gehandelt hatte, ob er gegangen wäre, wenn er gewusst hätte, was auf ihn wartete. Aber er kam zu keinem endgültigen Urteil. Er hatte in Europa noch keinen einzigen Eritreer getroffen, der seine Entscheidung nicht viele Male bereut hatte. Andererseits kannte er keinen Eritreer zu Hause, der zufrieden war und nicht darüber nachdachte, wegzugehen. Es schien ihm manchmal, als könnte man als Eritreer auf Erden nirgendwo glücklich werden.

Zwei Tage nach seinem 17. Geburtstag verabredete sich Berhane mit einigen Freunden. Sie würden sich auf eigene Faust bis Kassala im Osten des Sudan durchschlagen. Dort war es leicht, Schlepper zu finden, die einen weiterbringen würden. Und so war es auch. Ein wenig Geld für die Reise hatte er sich von einem wohlhabenden Verwandten ausgeborgt und war frohen Mutes, dass das für den Schlepper reichen würde.

Sie fanden einen sudanesischen »Reiseleiter« und konnten schon am nächsten Tag in einer größeren Gruppe ihre Reise antreten. Sie gingen zu Fuß und es kostete gar nicht viel. Man marschierte bei Nacht und schlief bei Tag. In Omdurman bekamen sie zwei Tage zum Rasten, dann ging es weiter, in die Sahara. Es war zwar beschwerlich, aber daran stieß Berhane sich nicht, das hatte er erwartet. Die ersten Zweifel stiegen in ihm erst auf, als er entlang des Pfades Leichen und Autowracks liegen sah. Waren das tote Schlepper und ihre Kunden? Der »Reiseleiter« wollte dazu nichts sagen.

Zweieinhalb Tage später kamen der Reisegruppe die libyschen Menschenschmuggler entgegen. Ihre Rucksäcke sowie die Vorräte an Wasser und Nahrung wurden auf einen Kleinlaster geladen. Sie selbst bestiegen einen Lkw, auf dem sich schon andere Somalier und Eritreer befanden und fuhren los.

Einige Stunden döste Berhane vor sich hin, als plötzlich Schüsse zu hören waren. Eine ägyptische Grenzpatrouille hatte sie entdeckt und angegriffen. Die Schlepper erwiderten das Feuer und es kam zu einer regelrechten Verfolgungsjagd. Schließlich befahlen die libyschen Schlepper allen Passagieren abzusteigen und rasten mit dem leeren Lastwagen und dem Kleinlaster mit dem Gepäck davon. Die Reisenden ließen sie einfach zurück, mitten in einem Meer aus Sand, ohne Wasser und ohne Nahrung.

Einige der Mitreisenden waren von den Kugeln getroffen worden. Insgesamt gab es acht Tote und siebzig Überlebende, von denen einige verletzt waren. Die Gruppenmitglieder bemühten sich, alle Toten zu identifizieren. Jene, die einen von ihnen kannten, versprachen, deren Familien zu verständigen, sobald es nur ging. Einige der Toten waren keinem in der Gruppe bekannt.

Mit bloßen Händen schaufelten die Männer Gräber im Sand und bestatteten die Toten so gut sie konnten. Sie waren mitten in der Sahara und einigten sich, dass es besser war, an Ort und Stelle auf die Rückkehr der Schlepper zu warten als planlos durch die Wüste zu irren. Es sollte noch über eine Woche dauern, bis man sie abholte. Jeden Tag begruben sie weitere Reisegefährten und bemühten sich, deren Namen und Heimatstädte auswendig zu lernen, denn sie hatten nichts zum Schreiben. Mit Galgenhumor bemerkte ein Äthiopier unter ihnen, dass hoffentlich der mit dem besten Gedächtnis am längsten überleben würde. Wer es über sich brachte, trank seinen eigenen Urin, um nicht zu verdursten.

Nach mehreren Tagen kam man sie endlich abholen. Die Überlebenden hörten das lang ersehnte Motorengeräusch schon aus der Ferne und freuten sich auf einen Schluck Wasser. Doch die Libyer brachten weder Wasser noch Nahrung. Im Gegenteil, schreiend befahlen sie der Gruppe aufzusteigen und schlugen jene, die zu schwach waren, um sich schnell zu bewegen. Erst am Abend bekamen sie notdürftige Verpflegung. Am folgenden Tag setzte sich die Höllenfahrt fort.

Als sie sich endlich der Küste näherten, mussten die Passagiere besser versteckt werden, um nicht an einer der vielen Straßensperren entdeckt zu werden. Sie wurden in den doppelten Boden eines Viehtransporters gepfercht. Obenauf wurden Schafe transportiert, die ihre Notdurft über ihnen verrichteten. Als einer sich beschwerte, feixte einer der Bewacher, dass sie es noch gut erwischt hätten. »Wir wollen ja, dass ihr überlebt.« Noch wenige Wochen zuvor waren Migranten in Betonmischern transportiert worden, bis die Polizei draufkam, sagte er. Bei einer Kontrolle bestanden die Polizisten darauf, dass der

Fahrer den Mischer einschaltete. Auf diese Weise wurden die »Kunden« zu Tode gequetscht und deshalb habe man sich nun diese neue Transportmethode ausgedacht.

So fuhren sie unter der Schafherde nach Ajdabiya zu einer aufgelassenen Fischhalle. Dort sperrte man sie ein. Die Frauen bekamen ein wenig mehr zu essen, die Männer oft nur einen Teller Pasta zu fünft oder sechst. Es stank nach Fisch und Fäkalien und alle waren ständig schwach vor Hunger und Durst.

Die Bewacher forderten Geld, und wer keines aufbringen konnte, wurde geschlagen. Berhane konnte sich noch gut an einen sehr jungen Äthiopier erinnern, auf den sie so heftig mit Stöcken einschlugen, dass sein Körper über und über mit offenen Wunden bedeckt war.

Die fünf Frauen in ihrer Gruppe wurden wieder und wieder vergewaltigt, manchmal vor aller Augen und Berhane schauderte bei dem Gedanken, womit die Männer sie wohl auch noch angesteckt hatten.

Eines Tages stahl ein Somalier einem Bewacher eine Zigarette. Der bemerkte es und schlug ihn mit einer Schaufel so fest ins Genick, dass er tot zusammenbrach. Seinen Freund, der protestieren wollte, schlug er ebenfalls mit der Schaufel über das Gesicht. Er starb nach einigen qualvollen Stunden. Diese schrecklichen Bilder ließen Berhane nie ganz los.

Die Libyer verlangten von den Migranten sehr viel Geld, um sie gehen zu lassen. Aus Reisenden waren Geiseln geworden. Berhane kontaktierte seine Familie in Eritrea und einen Onkel in Kanada und konnte sich so die Hälfte der weiteren Reisekosten ausborgen. Mit den Schleppern konnte er nach langem Tauziehen vereinbaren, dass er für den Rest des Geldes arbeiten würde. Er sollte die Halle kehren, die Toiletten putzen und die Matratzen auf dem Boden zwischen den Schichtwechseln reinigen. Zwei Jahre lang.

Es war die Hölle für Berhane. Er wurde Zeuge von Misshandlungen und Vergewaltigungen, bekam selbst viele Prügel ab und sah viele Menschen vor seinen Augen sterben. Dabei war er gerade einmal achtzehn Jahre alt. Er überlebte diese Zeit nur, indem er sich abends an einen anderen Ort träumte. Er würde nach Frankreich kommen und eine freundliche Dame mit einem Hündchen treffen. Sie würde ihn aufnehmen wie einen Sohn. Er hätte ein Zimmer, könnte in die Schule gehen und einen Beruf erlernen. Dann würde er arbeiten, seine Schulden abbezahlen und ab und zu mit dem Hündchen spazieren gehen. Mit solchen Fantasiebildern überlagerte Berhane abends die Erinnerungen an die Schrecken des Tages.

Schließlich hatte Berhane den Rest des Lösegelds abgearbeitet und konnte die Reise über das Mittelmeer antreten. Mit kleinen Booten brachten die Schlepper sie zu einem größeren Schiff. Vierhundertsiebzig Leute, darunter sechsunddreißig Kinder waren auf dem Boot. Sie kamen aus verschiedenen Ländern Afrikas, doch eines hatten sie alle gemeinsam: die Angst vor dem Meer. Sie wurden auf zwei Decks untergebracht, Berhane kam auf das obere Deck. Das Unterdeck war nur durch eine kleine Luke zu erreichen und er dachte bei sich, dass sich von den Passagieren wohl kaum einer retten würde können, falls das Boot sank.

Sechzehn Stunden fuhren sie über das Meer. Was als mondhelle und windstille Nacht begonnen hatte, wurde zu einem stürmischen und regnerischen Vormittag. Das Boot schlingerte auf den Wellen und die Menschen schrien vor Angst. Einmal zog ein großes Schiff an ihnen vorbei, aber es half ihnen nicht. Nach einer weiteren Stunde tauchte aus dem Grau des Unwetters ein Fischerboot auf, nahm sie in Schlepptau und brachte sie nach Lampedusa.

Italien! Endlich! Die meisten Menschen auf dem Boot weinten vor Erleichterung, auch Berhane rannen die Tränen übers Gesicht, als sie ausstiegen.

Sie bekamen zu essen und zu trinken. Menschen in orangefarbenen Westen versorgten die Kranken und registrierten die Namen der Neuankömmlinge. Sie hatten freundliche Augen, mehr sah Berhane nicht von ihren Gesichtern, denn sie trugen Mundschutz. Angesichts des Gestanks konnte er es ihnen nicht verübeln.

Noch am selben Tag wurden die meisten Neuankömmlinge aufs Festland gebracht, auch Berhane. Mit Bussen transportierte man sie in eine nahe gelegene Stadt, zu einem Aufnahmelager. Dort mussten sie sich anstellen, um registriert zu werden. Bald machte unter den Wartenden das Gerücht die Runde, dass man ihnen hier die Fingerabdrücke abnehmen würde. Das war nicht gut und Berhane begann vor Angst zu schwitzen. Er wusste, dass man in Italien bleiben musste, wenn sie die Fingerabdrücke einmal hatten. Wer weiterzog, wurde angeblich wieder nach Italien zurückgeschickt. Davon hatten viele Mitreisende auf dem Schiff gesprochen. Einige sagten sogar, man sollte sich am besten die Fingerkuppen verbrennen oder mit einer Rasierklinge abschneiden. Berhane würde so etwas nicht über sich bringen, das wusste er. Allerdings wollte er auch nicht in Italien bleiben. Er wollte doch unbedingt nach Frankreich, dieses Land, das er sich seit dem Selfie auf Facebook so schön vorstellte.

Zusammen mit zwei anderen Eritreern, die er auf der Bootsfahrt kennengelernt hatte, fasste Berhane einen Entschluss. Man würde einen günstigen Moment abwarten und sich aus dem Staub machen. Als dann am Beginn der Warteschlange ein Geschrei ausbrach und das Aufsichtspersonal nach vorne eilte, schlichen sich etliche Wartende davon, so auch er und seine Freunde. Sie mussten nach Norden, er nach Frankreich, die anderen beiden wollten in die Schweiz beziehungsweise nach Deutschland, weil sie dort Verwandte hatten.

Einer der Burschen besaß ein Smartphone und hatte Landkarten von Italien heruntergeladen, die man offline benutzen konnte, und so marschierten sie entlang einer Hauptverkehrsstraße los. Es war unglaublich. Sie kamen durch Dörfer, wo die Menschen sie freundlich grüßten. Eine alte Frau winkte sie zu sich und gab ihnen einen warmen Laib Brot, den sie wohl gerade aus dem Backofen genommen hatte, sowie eine Flasche Wasser. Wie wunderbar doch die Menschen in Europa waren, dachte Berhane. In der nächsten Stadt fanden sie die Busstation und fuhren los. Gemeinsam reisten sie nach Bologna, dort trennten sich ihre Wege. Berhane wollte über Genua zum Grenzübergang Ventimiglia. Das sei der beste Weg nach Frankreich, stand auf den eritreischen Facebook-Seiten.

In Genua hatte Berhane kein Geld mehr, doch am Bahnhof traf er Landsleute, die ihm erzählten, wo er am Markt Kisten schleppen und etwas verdienen konnte. So arbeitete er am Tag und schlief nachts im Park, bis er das Geld für die Busfahrkarte beisammenhatte. Ein Eritreer riet ihm, es erst mit Autostopp zu versuchen, um Geld zu sparen. Und tatsächlich blieb ein Lastwagen stehen und der Fahrer nahm ihn mit. Diesmal musste er nicht unter Schafen kauern wie in Libyen, sondern durfte neben dem Fahrer in der Kabine sitzen. Berhane war in Hochstimmung. Ein Gespräch scheiterte an Sprachbarrieren, doch der Fahrer schenkte ihm eine Flasche Mineralwasser.

Einige Kilometer vor der Grenze bedeute ihm der Fahrer, dass er nun aussteigen müsse, und wies ihm die Richtung und sagte etwas von Polizei. Berhane bedankte sich und stieg aus. Wie gut sich Europa doch anfühlte, dachte er wieder und ging los.

Je näher er zur Grenze kam, desto mehr wuchsen seine Bedenken. Er sah viele Afrikaner in den Straßen, in den Parks stehen und sitzen, dann sogar in Zelten und unter Planen. So einfach, wie er sich das vorgestellt hatte, würde es wohl doch nicht werden, dachte Berhane bei sich. Als er zwei Männer Tigrinya sprechen hörte, wandte er sich an sie und fragte nach, was hier los sei. Was er hörte, stimmte ihn nicht froh. Die zwei Eritreer waren schon seit mehreren Monaten in Ventimiglia. Beide hatten schon mehrmals versucht, über die Grenze zu gelangen, und waren jedes Mal von der französischen Polizei aufgegriffen und zurückgebracht worden. Die Polizisten waren nicht brutal, »im Vergleich zu Libyen sind sie nett«. Aber sie gingen entschlossen und kompromisslos gegen illegale Grenz-übertritte vor.

Wie ihnen beiden gehe es allen hier, berichteten ihm seine neuen Bekannten. Sie lebten in einem improvisierten Zeltlager und wurden von NGOs mit dem Nötigsten versorgt. Keiner wollte aufgeben. Diese beiden Männer wollten eigentlich nur durch Frankreich durchreisen, um nach Großbritannien zu gelangen, und sie waren zuversichtlich, dass sie es eines Tages schaffen würden.

Auch Berhane suchte sich einen Schlafplatz unter Bäumen. Er ergatterte einen Schlafsack von einer Hilfsorganisation und blieb den ganzen nächsten Tag darin liegen, um über seine Zukunft nachzudenken. Er hatte so viel erlitten und doch durchgehalten, weil er überzeugt gewesen war, dass in Europa alles schlagartig besser sein würde. Was nun? Warten? Worauf und wie lange? Er war mittlerweile neunzehn Jahre alt und hatte in den beiden letzten Jahren so viel Schreckliches gesehen und erlebt, dass er sich nichts anderes wünschte als ein ruhiges Leben und einen Job, der es ihm erlaubte, seine Schulden zurückzuzahlen und seine Familie zu Hause zu unterstützen. Er wollte so gerne seine Schulausbildung beenden und einen Beruf erlernen.

Ob man nicht einfach in Italien bleiben könnte, fragte er sich. Das war doch auch Europa und es war ein schönes Land mit vielen freundlichen Menschen. Er beriet sich mit seinen Landsleuten, doch die teilten seine Meinung nicht. Andere Länder seien viel besser als Italien, sagten sie. Da gebe es mehr Arbeit und mehr Verdienstmöglichkeiten. Da beschloss Berhane, noch zu warten. Immer wieder gab es Gerüchte, dass die Grenze geöffnet würde. Ab und zu schaffte es einer nach Frankreich und schickte dann Fotos und kurze Videos an seine zurückgelassenen Weggefährten. Die schöpften dann wieder Hoffnung und harrten weiter unter ihren Zeltplanen aus.

Auch Berhane verbrachte mehrere Monate in diesem Schwebezustand zwischen Hoffnung und Verzweiflung. Als der Herbst ins Land zog und es kalt und regnerisch wurde, boten die Planen keinen Schutz mehr. Er hatte keine Lust, länger sein Leben so zu vertrödeln. Mittlerweile kannte er die Helfer aus den NGOs und wusste, dass sie auch Rechtsberatung anboten. In Europa war es eben nicht so, dass man sich einfach eine Arbeit und eine Wohnung suchen und bleiben konnte. Er musste Asyl beantragen, erklären, warum er gekommen war, und hoffen, dass man ihm Glauben schenkte. So ein Asylverfahren konnte viele Jahre dauern und erst am Ende würde Berhane wissen, ob er bleiben durfte oder ob sie ihn zurückschicken würden. Er schauderte bei dem Gedanken, dass er umsonst so viel gelitten haben könnte. Wie würde er seine Schulden bezahlen, wenn sie ihn zurückschickten? Er würde Schande über die ganze Familie bringen.

Doch die Rechtsanwältin überzeugte ihn, dass es keine andere Möglichkeit gab. Würde er sich bis Frankreich durchschlagen, dann müsste er eben dort so ein Asylverfahren durchlaufen. Das war in ganz Europa so. Erst wenn sein Antrag angenommen wurde, konnte er an Ausbildung oder Arbeit denken.

Weder zu Hause noch unterwegs hatte er je daran gedacht, dass das Leben in Europa schwierig sein könnte. Er hatte sich das so schön ausgemalt, mit seiner Adoptivmutter und ihrem Hund, dachte er wehmütig, wenn er eine Frau mit Hund sah.

Er überlegte noch einige Tage, dann teilte er der Rechtsanwältin mit, dass er in Italien einen Asylantrag stellen wollte. Danach ging alles recht zügig vonstatten. Sie fanden einen Platz für ihn in einem Aufnahmelager in Turin, wo er in ein Zimmer mit fünf anderen Männern kam. Sie schliefen in Stockbetten und teilten sich eine Gemeinschaftsdusche mit zwanzig anderen, doch das war Luxus verglichen mit allem, was er seit seiner Flucht von daheim erlebt hatte. Es gab immerhin drei Mahlzeiten am Tag und man konnte zum Arzt, wenn man krank war. Er musste weder Folter noch Tod fürchten.

Nach einigen Tagen wurde Berhane zur Polizei beordert, um seine Fingerabdrücke abzugeben und offiziell auszusagen, dass er in Italien Asyl beantragen wollte. Der Dolmetscher erklärte ihm, dass er nun auf einen offiziellen Interviewtermin warten musste. Er bekam eine Bestätigung über eine vorläufige Aufenthaltsberechtigung in Italien, die ihn vor Polizeikontrollen schützte. Arbeiten dürfe er aber nicht, sagte man ihm.

Dann begann das lange Warten. Schlafen, essen, spazieren gehen, warten, schlafen, ein paar Stunden Schwarzarbeit, warten. Berhane sparte so lange, bis er sich ein gebrauchtes Smartphone kaufen konnte. Über Facebook und WhatsApp war er wenigstens in Kontakt mit Freunden auf der ganzen Welt und vertrieb sich so viele Stunden.

Er versuchte auch, Italienisch zu lernen, aber das ging schleppend voran. Im Heim gab es keine Sprachkurse. Anders als viele seiner Landsleute hatte er in der Schule ein wenig Englisch gelernt und konnte die lateinische Schrift zumindest lesen. Nach und nach schnappte er ein paar Redewendungen auf und nutzte sie, um sich stundenweise Hilfsarbeiten auf Baustellen oder Märkten zu besorgen. Illegal arbeitende Afrikaner wurden ganz schlecht bezahlt und manchmal auch um den ganzen Lohn betrogen. Aber was konnten sie schon dagegen tun? Etwa zur Polizei laufen und dann selbst bestraft werden?

Als der Winter kam, mussten viele junge Männer das Heim räumen, um Familien mit Kindern Platz zu machen. Berhane kam mit einer Gruppe alleinstehender Männer in einem Dorfpfarrhof weit außerhalb der Stadt unter. Sie waren dankbar dafür, denn viele andere waren auf der Straße. Doch in dem Dorf gab es keine Möglichkeit zur Schwarzarbeit, keine Abwechslung, kein WLAN im Pfarrhof. Zäh floss ein Tag in den anderen. Wenn Berhane vor Aussichtslosigkeit und Langeweile verzweifeln wollte, dachte er an Libyen. Hier ging es ihm immerhin besser.

Nach fast einem Jahr hatte er das erste Asylinterview. Er schilderte seinen Aufbruch, die Lage in Eritrea und alles, was er in Libyen durchgemacht hatte. Doch der Beamte gab sich nicht zufrieden. Immer wieder bohrte er nach, fragte nach kleinsten Details, um Berhane Widersprüche und Lügen nachzuweisen.

Es war ein Fragenbombardement, von dem Berhane der Kopf schwirrte: »Wie viele Menschen waren auf dem Lastwagen?« »Wie lange genau mussten sie auf die Schlepper warten?« »Vorhin haben Sie gesagt eine Woche, jetzt sagen Sie zehn Tage. Was stimmt jetzt?« – »Was war die genaue Adresse der Fischhalle, in der Sie gefangen gehalten wurden? Wieso kennen Sie die nicht?« – »Mit wie vielen Menschen waren Sie in Omdurman untergebracht? Was war das genaue Datum Ihres Aufenthalts dort?« – »Sie behaupten, geschlagen worden zu sein? Welche Verletzungen haben Sie davongetragen?«

Stundenlang wurden ihm immer wieder dieselben Fragen gestellt. Er war am Weinen, als der Beamte endlich von ihm abließ. Berhane hatte physische Folter zu Genüge erfahren. Das hier war auch eine Folter, aber eine, die seine Seele aufwühlte.

Wieder verstrich fast ein Jahr, bis Berhane seinen Asylbescheid erhielt: Antrag abgelehnt! Es war, als hätte man ihm den Boden unter den Füßen weggezogen. Abgelehnt? Seine Rechtsanwältin hatte ihn gewarnt, wollte ihn vorbereiten, aber er hatte gar nicht hingehört. So sicher war er sich seiner Sache gewesen. Er hatte doch gute Gründe gehabt, Eritrea zu verlassen. Jeder wusste, was für eine Militärdiktatur seine Heimat war.

Nach Erhalt des Briefes fiel Berhane in eine tiefe Depression. Wie viele seiner Landsleute begann er Alkohol zu trinken. Seine Rechtsberaterin riet ihm, Berufung einzulegen, und das tat er auch. Wieder hieß es auf den nächsten Interviewtermin warten.

Da saß er nun in diesem herbeigesehnten Europa und fühlte sich nutzlos und verzweifelt. Was hatte er aus seinem Leben gemacht? Wo war dieses Paradies, für das er so viel Leid auf sich genommen hatte. Warum hatte ihn keiner gewarnt? Selbst wenn man ihm von Europa abgeraten hätte, hätte er den Ratschlägen denn Glauben geschenkt? Wohl kaum, er sah die schönen Bilder auf Facebook und dachte, Bilder können nicht lügen. Wer in so einer schönen Umgebung lebt, muss reich und glücklich sein.

Wäre er in Eritrea glücklicher gewesen? Unter seinen eigenen Leuten, mit seiner Familie, in einer Gesellschaft, die er verstand und wo er seinen Platz hatte? Hätte das die Leiden eines jahrelangen Militärdienstes aufgewogen? Wohl auch nicht. Hätte es eine Möglichkeit gegeben, woanders neu anzufangen? Im Sudan oder in Äthiopien zum Beispiel? Auch diese Frage verneinte Berhane in seinem Kopf. Viele seiner Landsleute lebten dort in Armut und Angst vor der Polizei. Und auch dort hätten ihn die schönen Bilder immer verlockt. Was gab es für einen Ausweg? Waren die Eritreer auf ewig verdammt?

Als sein Berufungsverfahren nach vielen, vielen Monaten des Wartens endlich begann, stellte ihm der Beamte gleich zu Beginn des Interviews genau jene Fragen, an denen er seit Monaten langsam zerbrach. Warum hatte er seine Heimat verlassen? Dort hatte er Angst vor der Zukunft in Eritrea gehabt. Jetzt hatte er Angst vor der Zukunft in Europa.

DORINE AUS KAMERUN

ALS FRAU HAT MAN IN EUROPA
EIN FREIERES LEBEN

Mit federnden Schritten läuft Dorine in den ersten Stock des Uni-Gebäudes in Hamburg und freut sich auf die Arbeit. Jeden Tag, wenn sie aufwacht, spricht sie ein Dankgebet. Sie ist glücklich, es geht ihr gut und sie freut sich über ihr Leben.

Nur manchmal vermisst sie die Geschäftigkeit ihrer Großfamilie in Kamerun, die lauten Festmähler an Feiertagen mit Eltern, Großeltern, Geschwistern, den Schwägern, Schwägerinnen und vielen, vielen Nichten und Neffen. Sie hat in den letzten Jahren gelernt, »europäisch« zu leben, allein in einer Einzimmerwohnung und geprägt von dem steten Rhythmus von Arbeit und Freizeit.

Dorine ist fünfundzwanzig Jahre alt und hat schon mehr erlebt als manche viel ältere Frau. Dabei hat ihr Leben ganz unspektakulär begonnen. Sie wurde in Duala geboren, der bedeutendsten Hafenstadt in Kamerun, und verbrachte eine glückliche Kindheit und Jugend in einer Mittelstandsfamilie. Der Vater arbeitete als Beamter, die Mutter kümmerte sich um die Familie. Dorine liebte die Schule, hatte viele Freundinnen und war ein unbekümmerter Teenager. Die Matura, ihr »Bac«, schaffte sie mühelos und begann Wirtschaftswissenschaften zu studieren. Ihr Vater war der Meinung, dass sie mit einem entsprechenden Abschluss immer einen krisensicheren Job im Staatsdienst bekommen konnte, und Dorine fand das ganz in Ordnung.

Unidiplom, Beamtenstellung, Heirat, Familie – so sah ihre

Lebensplanung aus, bis zu jenem schicksalhaften Tag, als ihr Vater völlig unerwartet an einem Herzinfarkt starb. Er war Alleinverdiener gewesen, und sein Tod stürzte die Familie in einen finanziellen Abgrund. Die Mutter musste eine Stelle in einem Supermarkt antreten. Der älteste Bruder hatte gerade sein Studium abgeschlossen, fand aber keine fixe Anstellung und hielt sich mit Gelegenheitsarbeiten über Wasser.

Dorine wusste, dass die Familie sich ihre Studiengebühren nun nicht mehr leisten konnte. Auch sie begab sich auf Arbeitssuche, und ein Freund ihres Vaters zeigte sich hilfsbereit. Er bot ihr einen Job in seinem Reisebüro an. Sie sprach natürlich perfekt Französisch und leidlich Englisch und konnte mit Computern umgehen, daher war das für sie keine große Herausforderung und sie war dankbar für diese Chance. Ihr Lohn war gering, aber immerhin konnte sie zum Familieneinkommen beitragen.

Schon bald begann ihr Chef, ihr nach Dienstschluss noch dringende Arbeiten aufzutragen. Anfangs freute sie sich über das Vertrauen, das er in sie setzte, und die Überstunden, die er ihr zahlte. Doch schon bald wurde ihr klar, dass er Gelegenheiten suchte, mit ihr allein zu sein. Sobald die anderen Mitarbeiter das Büro verlassen hatten, wurde er zudringlich und Dorine hatte große Schwierigkeiten, den kräftigen Mann abzuwehren. Ihr Widerstand schien ihn nur noch mehr zu reizen, sodass Dorine sich kaum mehr zu helfen wusste.

Zu Hause wagte sie nicht, davon zu sprechen. Erstens redete man bei ihnen nicht über anzügliche Dinge und zweitens war der Chef ein Freund ihres verstorbenen Vaters und eine Respektsperson. Doch eines Tages brachte ihre Mutter überraschend das Gespräch auf ihn. »Ich habe mit deinem Chef gesprochen«, sagte sie. »Du hast großes Glück. Du gefällst ihm und er möchte dich heiraten.«

Dorine war entsetzt. Er hatte doch schon eine Frau und Kinder in Dorines Alter. Was wollte er also mit ihr? Ihre Mutter beschwichtigte sie. Das sei doch normal, ein Mann hätte nun einmal Bedürfnisse und deshalb wollte er Dorine als Zweitfrau haben. »Er hat Geld, du wärst versorgt. Uns würde es auch sehr helfen, denn er will einen hohen Brautpreis für dich zahlen.«

Ab diesem Tag wurde Dorines Leben unerträglich. Die Mutter und die Großeltern redeten permanent auf sie ein. Sie hätte eine Verantwortung, der sie sich nicht entziehen könne, sie solle an die Familie denken und nicht nur an sich. Die Mutter habe schon zugesagt. Es gehöre sich nicht für junge Mädchen, so aufmüpfig zu sein. Sie solle endlich Ja sagen.

Im Büro wurde der Chef immer anzüglicher und suchte ständig die körperliche Nähe zu ihr. Selbst in Gegenwart anderer Mitarbeiter betatschte er sie. Dorine wusste nicht ein noch aus. Sie aß nicht, sprach nicht mit ihrer Familie und verfiel in eine Depression. Wochenlang ging das so, bis neuerlich der Chef bei ihrer Mutter vorsprach und ein Ultimatum setzte. Dorine sollte binnen zehn Tagen zusagen, oder er würde sein Angebot zurückziehen und sie entlassen.

In ihrer Verzweiflung wandte sich das Mädchen an eine entfernte Verwandte, die sich stets für Frauenrechte eingesetzt hatte. Sie würde verstehen, dass Dorine nicht zwangsverheiratet werden wollte und schon gar nicht die Zweitfrau eines Mannes werden, vor dem sie Abscheu empfand.

Dorines Tante war die Erste, die Verständnis für ihre Haltung zeigte. »Du musst weg aus Kamerun. Hier wirst du dem Druck nicht standhalten können. Versuche, nach Europa zu kommen. Dort gibt es NGOs, die sich gegen die Zwangsehe einsetzen. Die werden dir helfen.«

Dorine sollte das bisschen Schmuck verkaufen, das sie besaß, um sich ein wenig Bargeld zu verschaffen. Sie hatte keinen Reisepass, nur einen Personalausweis. Damit sollte sie mit öffentlichen Verkehrsmitteln bis Agadez fahren und sich von dort nach Europa durchschlagen. »Am besten du gehst nach Frankreich«, sagte die Tante. »Und lass dir vorher eine Dreimonatsspritze zur Verhütung geben, denn der Weg ist gefährlich und du bist eine allein reisende Frau, ein leichtes Opfer.«

Wie in Trance erledigte Dorine ihre Reisevorbereitungen im Geheimen. Sie war bemüht, sich zu Hause nichts anmerken zu lassen und sich nicht anders als sonst zu verhalten. Im Internet suchte sie sich die Busverbindungen heraus und packte einen kleinen Rucksack, mit dem sie aus dem Haus gehen konnte, ohne aufzufallen. Nur ein wenig Wäsche zum Wechseln und ihr Rosenkranz passten hinein.

Als der Tag der Abreise kam, widerstand sie der Versuchung, sich von allen Familienmitgliedern zu verabschieden. Sie wollte keinen Verdacht erwecken. Im Reisebüro rief sie mit krächzender Stimme an und sagte, sie sei erkältet. Dann stieg sie in den Bus und fuhr los, in ständiger Angst, man würde ihr nachkommen.

Es war eine sehr, sehr lange Reise durch Nigeria nach Niger. In den Bussen versuchte sie sich in Ecken zu drücken und nicht aufzufallen, doch als junge Frau ohne Begleitung wurde sie immer wieder angesprochen und belästigt. Zum Glück war sie immer von vielen Menschen umgeben und daher nie wirklich gefährdet. Endlich erreichte sie Agadez, am Südrand der Sahara.

In Agadez war es nicht schwer, Schlepper zu finden. Sie sprachen einen auf der Straße an. Dorine freundete sich mit einem kamerunischen Ehepaar an und gemeinsam entschieden sie sich für die Weiterreise nach Libyen und über das Mittelmeer.

Heute denkt Dorine nicht gerne an ihre Zeit in Libyen zurück, obwohl ihre Reise im Vergleich zu dem, was andere Afrikanerinnen ihr erzählten, relativ glimpflich abgelaufen ist. Ihre Gruppe wurde nicht als Geisel genommen, sie mussten kein Lösegeld zahlen und nur leistbare Bestechungssummen an Checkpoints.

Wäre sie als Geisel genommen worden, wie so viele andere, hätte ihre Familie ohnehin kein Geld für sie gezahlt. Sie hätte dann wahrscheinlich ihre »Schulden« mit Sex abarbeiten müssen, aber das blieb ihr zum Glück erspart. Dorine wurde »nur« dreimal sexuell missbraucht, einmal von einem Schlepper während einer Fahrtunterbrechung und zweimal während des Aufenthalts in der »Ferme«, einer Art Lagerhalle in Küstennähe, wo Männer und Frauen gemeinsam in einem großen Saal auf dem Boden schlafen mussten, als sie auf die Bootsreise warteten. Sie holte sich keine Krankheit und war wegen der Umsicht ihrer Tante vor einer ungewollten Schwangerschaft geschützt gewesen. Sie glaubte fest daran, dass der Rosenkranz in ihrem Rucksack sie geschützt hatte.

Die Bootsfahrt war eine ihrer schrecklichsten Erinnerungen. Das überfüllte Boot war gekentert und sie sah viele Menschen ertrinken. Sie selbst hatte sich an einem Stück Holz festgeklammert, bis ein spanisches Schiff sie gefunden und aufgenommen hatte. Noch heute träumt sie vom Ertrinken und wacht jedes Mal schweißgebadet auf.

Die Überlebenden des Schiffsunglücks gingen in Spanien von Bord und wurden in einem Aufnahmelager versorgt. Sie hatte vermeiden können, dass ihr die Fingerabdrücke abgenommen wurden, denn sie wusste von anderen Flüchtlingen, dass sie dann in Spanien hätte bleiben müssen. Mit einigen anderen Westafrikanern reiste Dorine schon nach ein paar Tagen weiter nach Frankreich, wo sie sich endlich ohne Probleme verständigen konnte. Ihre Mitreisenden wollten alle nach Paris, in die Stadt, von der sie in der Schule so viel Faszinierendes gehört hatten, und Dorine schloss sich ihnen an, weil ihr das am sichersten erschien.

Dort wollte sie sich rasch Arbeit suchen und ihr neues Leben beginnen. Das stellte sie sich angesichts ihrer Qualifikationen und Berufserfahrung ziemlich einfach vor. Doch schon am zweiten Tag ihres Aufenthalts in Paris musste sie einsehen, dass die Sache um vieles komplizierter sein würde als gedacht. Sie hatte keinen Pass und kein Visum. Sie war also illegal im Land.

»Du hast zwei Möglichkeiten«, sagte ihr ein Afrikaner, der schon länger in Frankreich lebte. »Du lebst hier als U-Boot, suchst dir irgendeine Schwarzarbeit und gehst der Polizei aus dem Weg. Das ist für afrikanische Frauen etwas leichter als für Männer, aber du musst trotzdem immer auf der Hut sein. Wenn sie dich erwischen, schicken sie dich heim.« Die zweite Möglichkeit bestehe darin, einen Asylantrag zu stellen, erklärte er. Sie würde dann vielleicht in einem Aufnahmezentrum unterkommen, wahrscheinlich aber auf der Straße leben, wie viele andere auch. So ein Verfahren konnte viele Jahre dauern und das Ende war ungewiss. »Wenn du Pech hast, schicken sie dich am Ende trotzdem zurück und du hast die besten Jahre deines Lebens vertan und nicht einmal Geld verdient«, warnte er.

Dorine war wie vor den Kopf gestoßen. Wie sollte sie zwischen zwei schlechten Möglichkeiten entscheiden? Schließlich entschied sie sich für die U-Boot-Variante. Sie fand ein Untermietzimmer in einem Haus, wo Afrikaner billig lebten, sowie einige Jobs als Putzfrau in Privathaushalten. Das machte ihr keinen Spaß. Sie lebte in ständiger Angst vor der Polizei und fühlte sich elend. Sollte ihr Leben mit knapp zweiundzwanzig Jahren schon zu Ende sein? Würde sie immer so weiterleben oder eines Tages doch zurückgeschickt werden? Was würde dann geschehen? Ihre Familie wollte nichts mehr mit ihr zu tun haben. Ihr ehemaliger Chef würde sich an ihr rächen, sie hätte keine Chance, wieder Fuß zu fassen.

So vergingen viele Monate in einem Alltag ohne Freude und

ohne Hoffnung. Wenigstens hatte sie mittlerweile einen großen Freundeskreis in ihrer Unterkunft und in der Kirche, die sie sonntags immer besuchte.

Als sie nach der Messe mit einigen Leuten über ihre Lage sprach, fragte sie eine Frau, ob sie je daran gedacht hatte, nach Deutschland zu gehen. Dorine war überrascht. Deutschland? Warum gerade Deutschland?

»Weil Deutschland mit Asylsuchenden besser umgeht als Frankreich. Ich weiß das, ich habe Verwandte in Deutschland, die mir das erzählt haben.« Dort müssten Asylwerber nicht auf der Straße leben, wie in Paris, sondern würden in Heimen untergebracht und versorgt. Man könne sogar Deutsch lernen und sich beruflich qualifizieren, behauptete die Frau. Dorine fand das sehr spannend und entschloss sich, es zu probieren. Was hatte sie schon zu verlieren.

In der Schule hatte Dorine ein paar Jahre Deutsch gelernt, denn Kamerun war vor dem Ersten Weltkrieg eine deutsche Kolonie und hat bis heute ein Naheverhältnis zur deutschen Sprache und Kultur bewahrt. Vieles hatte sie vergessen, aber sie war sicher, dass sie das rasch aufholen konnte. Sprachen zu lernen war ihr immer leicht gefallen.

Dorine studierte im Netz die Landkarte von Deutschland, und weil sie das Meer vermisste, entschloss sie sich, nach Hamburg zu gehen. Das war eine große Hafenstadt, da würde sie sich heimisch fühlen.

So leicht war es dann aber doch nicht. Während der ersten zwei Jahre war Dorine in einem Heim außerhalb von Hamburg untergebracht und musste mehr als ein Jahr auf ihr erstes Asylinterview warten. Sie war nicht die Einzige. Senegalesen, Kongolesen, Menschen aus Ghana, dem Tschad und der Elfenbeinküste teilten ihr Schicksal. Sie alle mussten viel länger auf ihre Interviews warten als ihre Mitbewohner aus Syrien oder Afghanistan. Am meisten empörten sich die Westafrikaner darüber, dass auch die Fälle von Eritreern und Somaliern aus Ostafrika viel schneller abgewickelt wurden. Obwohl viele nach ihnen angekommen waren, wurden sie früher interviewt. Deren Anträge waren schon entschieden und sie konnten das Heim verlassen, noch bevor Dorine und ihre westafrikanischen Freunde überhaupt einen Termin für ein Asylinterview erhielten. Das drückte die Stimmung in dem überfüllten Haus.

Auch andere Vergünstigungen waren ihren französischsprachigen afrikanischen Brüdern und Schwestern verwehrt. »Wir wollen Deutsch lernen, wir wollen uns integrieren, aber man lässt uns nicht«, klagten sie. Die Betreuer erklärten ihnen, dass wegen der großen Zahl an Asylansuchen jene Nationalitäten Vorrang hatten, die mit höherer statistischer Wahrscheinlichkeit Asyl bekommen würden. Bei den westafrikanischen Herkunftsstaaten war das eben nicht der Fall. Doch Dorine und ihre Freunde wiesen diese Begründung zurück. »Die mögen uns nicht. Das Asylsystem ist rassistisch geprägt«, beschwerten sie sich immer wieder.

Dorine hätte gerne einen Kurs besucht, um ihre Deutschkenntnisse zu aufzufrischen. Sie hätte auch gerne Computerkurse belegt, wie einige der bevorzugten Heimbewohner, aber sie wurde nicht zugelassen. Zwar gab es im Hamburger Stadtzentrum einige NGOs, die Gratiskurse anboten, aber sie hatte nicht genug Geld, um regelmäßig dorthin zu fahren.

Die Tage im Heim zogen sich in die Länge. Was war das nur für ein Leben? Sie hatte nichts zu tun, also half sie jenen Frauen, die Kinder hatten, mit Babysitten aus, ging spazieren oder surfte im Internet. Langeweile und Zukunftsangst prägten ihr Leben und das ihrer Mitbewohner.

Dass die Reise nach Europa gefährlich und problematisch würde, hatte Dorine ebenso wie ihre Landsleute durchaus erwartet. Aber dass es nach der Ankunft in Europa so schwierig sein würde, Fuß zu fassen, das hatte niemand geglaubt. Wenn sie beisammensaßen und darüber redeten, wie sie sich Europa vorgestellt und was sie dann tatsächlich vorgefunden hatten, breitete sich eine große Ernüchterung aus.

»Im Fernsehen sah ich immer diese schönen sauberen Straßen, die tollen Autos und die hohen Gebäude. Ich dachte, hier ist jeder reich und glücklich. Dabei gibt es viele weiße Bettler und Obdachlose«, sagte ein Mann.

Eine Frau erinnerte sich daran, dass sie die elegante Kleidung der Schauspielerinnen in den europäischen Filmen bewundert hatte. Sie hatte gehofft, sich auch so anziehen zu können. »Jetzt trage ich gebrauchte gespendete Kleidung. Zu Hause habe ich mir wenigstens ab und zu etwas Neues gekauft.«

»Und dann unsere Landsleute, die schon in Europa leben. Was haben die sich immer aufgespielt, wenn sie zu Besuch kamen«, sagte ein Bursche und alle lachten wissend. Ja, diese Auswanderer und ihre Angebergeschichten von Reichtum und Karrieren, die kannte jeder zur Genüge. »Was die alle auf Facebook posten«, rief ein anderer in die Runde. »Ja, genau, dicke Autos und teure Villen mit Riesengarten. Erst wenn du selbst hier bist, siehst du, in welchen Löchern sie in Wirklichkeit leben. Aber das sagt dir natürlich keiner, bevor du aufbrichst.«

»Tja«, sagte der, den sie alle »le Prof« nannten. »Wir haben Europa immer nur so gesehen, wie es die Medien darstellen, und dachten, es gibt hier nur Gutes. Bei Afrika ist es genau umkehrt. Schaut euch an, wie hier über Afrika berichtet wird, als gäbe es bei uns zu Hause gar kein normales Leben, nur Krieg und Hunger.«

Eine unwillkommene Unterbrechung des Heimalltags stellten die häufigen amtlichen Schreiben dar. Sie bereiteten Dorine und ihren Mitbewohnern Angst und Unbehagen. Die Briefe waren lang und in kompliziertem Deutsch verfasst. Sogar ihre Flüchtlingsbetreuerinnen mussten die Texte genau lesen, um zu verstehen, was die Behörden mitteilen wollten.

Je länger Dorine in dem Heim war und je mehr Leute sie kennenlernte, desto häufiger hörte sie auch von Afrikanern, deren Asylanträge in letzter Instanz abgewiesen wurden. Diese Menschen wurden von der Polizei abgeholt und in die Heimat zurückgeflogen, wo sie mit Schimpf und Schande empfangen wurden. Einige abgelehnte Asylwerber entzogen sich rechtzeitig der Abschiebung und lebten als U-Boote. Sie schliefen auf der Straße oder kamen tageweise bei Bekannten unter, aber das waren Männer. Dorine würde sich das sicher nicht trauen.

Pessimistisch und enttäuscht sah Dorine die Zeit vergehen und hatte das Gefühl, dass sie die besten Jahre ihres Lebens mit Warten vertat. Als ihr Antrag schließlich in erster Instanz zurückgewiesen wurde, war sie verzweifelt. In der Begründung wurde betont, dass Dorine sich nicht politisch betätigt hatte und daher keine Verfolgung fürchten musste. Daher lag nach Meinung der Behörde kein Asylgrund vor. Es dauerte lang, bis ein Mitarbeiter des Asylheimes ihr das alles übersetzt hatte. Er sagte, dass sie Berufung einlegen konnte, und brachte sie in Kontakt mit einer Hilfsorganisation, die sich auf die Rechtsberatung weiblicher Asylwerber spezialisiert hatte. So bekam Dorine einen Termin bei einer jungen Rechtsanwältin, die sich ihre Geschichte erzählen ließ und ihr viele Fragen stellte. Wenigstens sprach sie Französisch, sodass das Gespräch viel leichter vonstattenging als mit einem Dolmetscher. Nach einer Weile stieg in Dorine allerdings ein Gefühl der Verunsicherung auf. Warum stellte diese Frau so viele Fragen, warum bohrte sie immer nach? Egal was Dorine ihr sagte, bohrte sie immer weiter nach. Glaubte sie ihr denn nicht? Stand sie nicht auf ihrer Seite?

Die Anwältin bemerkte Dorines Verunsicherung und erklärte ihr die Vorgangsweise. »Wir müssen der Behörde beweisen, dass Sie zwar nicht aus politischen Gründen flüchten mussten, aber dass ihre Rechte als Frau nicht geschützt sind. Ich brauche alle Details, um die Berufung zu schreiben. Wenn Sie mit den Asylbeamten sprechen, werden die auch genau die gleichen Fragen stellen. Da ist es ganz gut, wenn Sie die Geschehnisse jetzt mit mir Revue passieren lassen. Dann können Sie sich das beim Interview umso leichter wieder ins Gedächtnis rufen.«

Zuerst schöpfte Dorine neue Hoffnung. Doch das Warten auf einen Termin war enorm aufreibend. Dass Stress ihr ganzes Leben bestimmen konnte, war eine neue Erfahrung für sie. Zu Hause haben wir uns immer darüber lustig gemacht, dass Stress eine Krankheit der Weißen ist, und jetzt bin ich auch davon befallen, dachte sie in dieser Zeit oft.

Diesmal hatte sie Glück im »Asylroulette«, wie ihre Anwältin das Verfahren nannte. Nach vielem Zittern und langem Warten bekam sie zwar kein Asyl, aber sogenannten subsidiären Schutz, also eine Art Flüchtlingsstatus zweiter Klasse. Die Behörde schloss sich der Meinung der Rechtsanwältin an, dass Dorine nicht in ihr Heimatland abgeschoben werden durfte, weil ihr dort Gefahr drohte. Als Dorine den Bescheid in Händen hielt, weinte sie vor Erleichterung. Endlich konnte ihr neues Leben in Europa beginnen.

Es war, als hätte man einen Schalter in ihr umgelegt und ihre ganze Energie und ihren Elan freigesetzt. Dorine vervielfachte ihre Anstrengungen, ihr Deutsch zu verbessern. Sie wandte sich an alle Hilfsorganisationen, deren Flugzettel im Heim auflagen, und erkundigte sich, wo sie wohnen und wo sie Arbeit finden konnte. Danach ging es Schlag auf Schlag. Zuerst bekam sie ein Zimmer in einer Wohngemeinschaft am Hamburger Stadtrand. Dann fand sie ihren ersten Job als Zimmermädchen in einem kleinen Hotel. Immerhin war es Arbeit und sie verdiente ihr eigenes Geld, doch Dorine wollte vorankommen. Sie stürzte sich in ihre Deutschkurse und machte sehr rasch Fortschritte.

Eine der Kursleiterinnen war wissenschaftliche Mitarbeiterin an der Universität und erzählte ihr von einem Sekretariatsposten. Wegen eines Krankheitsfalls suchte man dringend jemanden mit sehr guten Französischkenntnissen. Es ging hauptsächlich um die französische Korrespondenz, um Korrekturlesen von diversen Texten sowie um organisatorische Aufgaben wie das Vorbereiten von Veranstaltungen oder von Dienstreisen. Mit großer Zuversicht und ihrem Rosenkranz in der Jackentasche war Dorine beim Vorstellungsgespräch erschienen. Und wirklich, ihre Glückssträhne riss nicht ab. Sie sollte gleich am darauffolgenden Montag ihre Probezeit antreten.

Das war vor einem Jahr, und Dorine dankt noch immer jeden Morgen beim Stiegensteigen zu ihrem Büro der Muttergottes dafür, dass sich ihr Leben so zum Guten gewendet hatte. Vom ersten Tag an hatte sich Dorine mit unglaublichem Eifer in ihre Aufgaben gestürzt. Mittlerweile war sie fix angestellt, lebte in einer Einzimmerwohnung und freute sich auf jeden neuen Arbeitstag.

Sie fühlte sich wohl in Deutschland, hatte schon Freunde gewonnen und erwog manchmal, neben der Arbeit zu studieren. Selbst ihre Albträume stellten sich immer seltener ein. Dorine fand, dass sie sich als Frau hier in Europa viel freier fühlen konnte als in Afrika.

Eine psychische Krise hatte Dorine nur, als ihre Mutter Kontakt aufnahm und um Geld bat. Sie hatte all ihre aufgestaute Wut auf die Mutter losgelassen: »Weißt du eigentlich, was ich alles durchgemacht habe, weil ich vor dir und deinen Heiratsplänen flüchten musste?! Und jetzt soll ich dir auch noch helfen?«, schrie sie ins Handy. Doch als sie sich nach einigen Tagen beruhigt und mit ihrem Seelsorger gesprochen hatte, sah sie ein, dass auch ihre Mutter aus der Not heraus gehandelt hatte. »Sie wollte dich verheiraten, weil sie dich für die Zukunft finanziell absichern wollte«, sagte der Priester. Langsam beruhigte sie sich und begann, monatlich zweihundert Euro nach Hause zu schicken. Für Dorine zwar ein ziemliches großes Opfer, doch sie wusste, dass das ihrer Mutter und ihren jüngeren Geschwistern das Überleben sicherte und fand sich mit ihrer Verpflichtung ab. Familie ist Familie.

Heute hat Dorine Geburtstag. Sie ist nun schon fast ein Jahr an der Uni beschäftigt und genießt noch immer jeden Arbeitstag. Das ist der beste Geburtstag, den ich je hatte, denkt sie und betritt glückstrahlend das Büro, wo auf ihrem Schreibtisch ein Blumenstrauß von ihren Kolleginnen und Kollegen wartet.

KARIM AUS SYRIEN

FÜCHTLINGSKARRIERE VOM AKADEMIKER
ZUM BAUARBEITER

Jedes Mal, wenn Karim auf seinem Weg zur Baustelle an dem medizinischen Labor vorbeikommt, ist er aufgewühlt und weiß nicht, ob er weinen oder laut schreien soll. Dann blickt er auf seine schwieligen Hände und macht sich auf einen weiteren Tag als Hilfsarbeiter gefasst. Beton rühren, Wurstsemmeln mit Schweinefleisch holen, ertragen, dass man mit ihm in Nennformsätzen redet wie mit einem Idioten. Was ist nur aus mir geworden?, denkt er sich dann.

Als Karim in Damaskus aufwuchs, hatte er nur einen Wunsch: Chemiker zu werden wie sein Vater. Er war fasziniert von den Geräten und Proben im Labor an der Uni, wo sein Vater unterrichtete. Doch während sein Vater sich auf Technische Chemie spezialisiert hatte, fand Karim Medizinische Chemie viel faszinierender. Schließlich war seine Mutter Ärztin, was er auch für einen noblen Beruf hielt. Mit Medizinischer Chemie, so dachte er schon als kleiner Bub, konnte er irgendwie diese zwei Welten unter einen Hut bringen.

Als er nun an der Mischmaschine stand, zogen die Erinnerungsbilder an ihm vorbei. Sein Studium, das er mit Bestnoten abgeschlossen hatte, seine ersten beruflichen Erfahrungen in einem Krankenhaus und schließlich die Gründung eines eigenen Labors mit Unterstützung seiner Eltern und einem kleinen Beitrag von der Großmutter. Sogar sein Doktorat hatte er noch neben der Arbeit und der Familiengründung geschafft und war stolz auf sich gewesen. Er war ein angesehener und wohlhabender Mann – damals in Damaskus. Sein Unternehmen hatte zwanzig Angestellte und genoss unter Medizinern einen hervorragenden Ruf.

Heute trug er statt eines weißen Mantels einen blauen Overall und einen Helm. Jeder angelernte Bauarbeiter nahm sich heraus, ihn zu schikanieren. »Karim, du bringen Zement.« – »Karim, du dich beeilen.«

Der Krieg in Syrien hatte auf einen Schlag alles geändert. Sein Labor war im dritten Kriegsjahr durch eine Bombe zerstört worden. Mehrere seiner Mitarbeiter waren dabei umgekommen. Mit dem Ersparten brachte sich die Familie noch einige Zeit durch, immer auf ein baldiges Ende des Krieges hoffend. Doch sie lebten jahrelang in Angst und entschlossen sich schließlich, Syrien zu verlassen. Seine Frau und er hatten das gemeinsam entschieden. Seine kluge Frau hatte gemeint, jetzt, da sie noch ein wenig Geld hätten, sollten sie den Neuanfang wagen. »Du bist qualifiziert. Du wirst leicht Arbeit finden. Chemiker braucht man überall, medizinische Labors auch.«

Nach Istanbul konnte man damals noch fliegen, und von dort schlossen sie sich dem langen Treck der Flüchtenden über die Balkanroute an. Damals, 2015, waren die Europäer hilfsbereit gewesen und hatten sie willkommen geheißen. Durch Griechenland und Nordmazedonien zogen sie, teils zu Fuß. Dann ging es mit dem Zug bis zur serbischen Grenze. Alles sah so vielversprechend aus. Karim, seine Frau sowie sein damals neunjähriger Sohn und seine zwölfjährige Tochter waren froh, dem Krieg entkommen zu sein. Die Reise mit den Kindern war etwas beschwerlich, aber es drohte ihnen keine unmittelbare Gefahr.

In Serbien ging es dann mit dem Bus nach Belgrad und von dort im Zug über Ungarn bis Wien. Da waren sie ausgestiegen. Wien, hatte seine Frau gesagt, hatte sie immer schon sehen wollen. Es sei die Stadt der Musik. Und Nemsa, wie Österreich auf Arabisch genannt wurde, sei ein freundliches Land.

Die Aussicht auf einen Neuanfang gab ihnen beiden Mut. Es war nicht leicht, in einem Einzelraum mit Stockbetten zu leben und die Dusche auf dem Gang mit vielen anderen zu teilen, aber sie waren am Leben und in Sicherheit.

Karim hatte sich vorher nie mit dem Flüchtlingsthema befasst und wusste bei seiner Ankunft in Österreich nicht einmal genau, was ein Asylverfahren war. Aber nun mussten sie einen Asylantrag stellen, so waren nun einmal die Vorschriften in Europa. Er und seine Frau hatten relativ bald ihre Asylinterviews und warteten auf das Resultat. Die Behörde war überlaufen, und sie verstanden, dass der Prozess länger dauern würde. Lange Behördenwege waren sie ja aus Syrien durchaus gewohnt.

Die beiden Kinder fanden sich sehr rasch zurecht. Sie liebten ihre neuen Schulen und lernten schnell Deutsch. Für sie verging die Zeit wie im Flug: vormittags Unterricht, nachmittags Hausaufgaben und Spiele mit den anderen Kindern im Aufnahmelager.

Karims Frau beschäftigte sich damit, Wäsche zu waschen, ihr kleines Zimmer in Ordnung zu halten und kümmerte sich um die Kinder. Doch für Karim tropfte die Zeit schmerzhaft langsam dahin. Er wollte endlich arbeiten, etwas lernen.

Der Deutschkurs fiel ihm schwer, Karim hatte kein Sprachentalent, er fand sich viel leichter mit Formeln und Zahlen zurecht als mit Worten. Doch ihm war klar, dass er keine Chance auf Arbeit hatte, wenn er nicht Deutsch konnte. Er kam sich wie ein Analphabet vor, weil er die lateinischen Buchstaben zwar halbwegs lesen konnte, aber nicht gut schreiben. So mühte sich Karim im Unterricht redlich ab. Grüßen, zählen bis zehn, ein paar wichtige Worte auswendig lernen, so weit reichte es. Die Grammatik bereitete ihm große Schwierigkeiten. Wie fügte man bloß aus diesen Wörtern korrekte Sätze zusammen?

Er fand es schwer, sich in dem kleinen überfüllten Zimmer zu konzentrieren, und schimpfte immer wieder mit den Kindern, wenn sie lachten oder laut redeten. Mit Schaudern erinnerte er sich daran, wie er einmal krank geworden war. Er hatte eine Art Kolik und musste zum Arzt. Er hatte es als demütigend empfunden, dass seine Tochter mitkommen musste, um zu dolmetschen. Während der Untersuchung schickte er sie hinaus, aber Fragen über sein Befinden und seinen Stuhlgang musste sie trotzdem übersetzen. Beschämt und verzweifelt verließ er damals die Ordination. Doch das war nur der Anfang. Für alle möglichen Fragen an die Lagerleitung oder Behördenwege musste das Kind übersetzen. Jedes Mal wollte Karim im Erdboden versinken. Er war doch der Familienvater. Er sollte sich um die Kinder kümmern und sie beschützen, nicht umgekehrt. Die ganze Situation machte ihn nervös und unleidlich.

Karim tröstete sich damit, dass das Asylverfahren ja nicht ewig dauern konnte. Wenn sie Flüchtlingsstatus hatten, konnten sie in eine richtige Wohnung ziehen und er würde endlich arbeiten und seine Familie in Wien ernähren, wie es sich gehörte. Auch seine Eltern in Syrien könnte er dann finanziell unterstützen als guter Sohn.

Endlich, nach eineinhalb Jahren, bekamen sie Asyl und Karim wagte zu hoffen. Eine Hilfsorganisation half ihnen, eine Wohnung zu finden, aber das war eine ziemlich schwierige Angelegenheit. Die Vermieter wollten eine Kaution in der Höhe von mehreren Monatsmieten. Wie um Gottes willen sollte er so viel aufbringen? Sie lebten ja von Sozialhilfe. Doch schließlich fand sich eine kleine dunkle Wohnung, und gebrauchte Möbel bekamen sie auch. Wenn Karim sich in den beiden Zimmerchen umsah, versuchte er die Erinnerung an ihr großzügiges Haus mit Garten und Personal zu unterdrücken. Sicherheit ging über Wohlstand, sagte er sich. Außerdem war es ja nur eine vorübergehende Lösung, er würde sich jetzt nach einem Job in einem Labor umsehen.

Jedes Mal, wenn Karim vom Arbeitsamt zurückkehrte, fühlte er sich ein Stückchen kleiner und unbedeutender. Er musste erst Deutsch auf einem relativ hohen Niveau sprechen, dann sollte er eine Prüfung ablegen, in Chemie, aber auch über die in Österreich gültigen Regeln und Vorschriften. Das konnte Jahre dauern und so viel Zeit hatte er nicht. Auch seine Betreuerin am Arbeitsamt drängte ihn, bald eine Arbeit anzunehmen. Er hatte verstanden, dass man ihm sogar die Sozialhilfe kürzen konnte, wenn er sich zu oft weigerte. Erst hatte er auf einen niedrigen Job in einem Labor gehofft, aber es waren keine Stellen frei. Nur im Baugewerbe gab es Arbeit und niemand fragte nach der Anerkennung von Diplomen oder nach Deutschkenntnissen.

So begann der zart gebaute Karim, der in seinem Leben nie körperlich gearbeitet hatte, mit fast fünfzig Jahren auf einer Baustelle zu arbeiten. In den ersten Tagen war er jeden Abend dem Zusammenbruch nahe, aber die Familie in Wien und die Eltern in Damaksus hingen von ihm ab, und so schuftete er bis zur Erschöpfung.

Da hatte er also Asyl, eine eigene Wohnung und eine Arbeitsstelle, alles, was er sich erträumt hatte, und war dennoch so weit entfernt von seinen Erwartungen an das neue Leben.

Zu Hause hing der Haussegen auch oft schief. Karims Tochter wollte kein Kopftuch mehr tragen und seine Frau hatte das Mädchen dabei beobachtet, dass sie es abnahm, sobald sie das Haus verlassen und um die Ecke gebogen war. Sie wollte ausgehen und sich mit Schulkameradinnen treffen, deren Eltern er nicht kannte. Wie konnte er wissen, ob sie aus guten Familien stammten? Wie konnte er sie schützen, wie sichergehen, dass sie nichts Unbedachtes tat? Neuerdings merkte er, dass auch der Sohn sich der väterlichen Autorität zu entziehen begann.

Auch Ramadan war schlimm. Er hatte die Fastenregeln immer eingehalten, aber jetzt schaffte er es nicht, den ganzen Tag schwer zu arbeiten, ohne wenigstens zu trinken. Also hatte er zuerst nur Wasser getrunken, aber später aß er auch zu Mittag, weil er sonst am Abend halb ohnmächtig gewesen wäre.

Was machte dieses Land nur mit ihm und seiner Familie?

Seinen Traum von einer Arbeit als Chemiker hatte Karim schon lange aufgegeben, auch wenn er es sich selbst noch nicht eingestehen wollte. Die notwendigen Bücher zum Deutschlernen und Skripten zur Medizinischen Chemie hatte er sich zwar besorgt, doch wenn er abends müde nach Hause kam, schaffte er es nicht, sich zu konzentrieren. Er starrte manchmal in die Bücher, ohne etwas davon aufzunehmen.

Besonders nervenaufreibend waren die WhatsApp-Gespräche mit seinen Eltern. Er schämte sich, ihnen zu gestehen, dass er Hilfsarbeiter am Bau war. Also erzählte er von einer Anstellung in einem Labor und dass er lernte, um sein Diplom zu bekommen. Die ganze Familie musste mit ihm lügen und er fürchtete, dass sie sich eines Tages verplappern würden. Karim, der einzige Sohn, Doktor der Chemie, Besitzer eines führenden Instituts in Damaskus, mischte Beton und musste sich von jüngeren ungebildeteren Männern anschnauzen lassen. Er lebte in einem finsteren Loch, ständig an der Armutsgrenze und mit Kindern, die ihn nicht mehr respektierten.

Und jetzt, wie um Salz in seine Wunden zu reiben, befindet sich dieses medizinische Labor genau neben der Baustelle, wo er zurzeit arbeitet. Er geht täglich zweimal daran vorbei, wehmütig und wütend zugleich.

Was ihn tröstet, ist der Schulerfolg der Kinder. Vielleicht

würden wenigstens sie es schaffen, den Fluch des Flüchtlings-
daseins abzustreifen und ein normales Leben zu führen. Auf
Frieden und auf Rückkehr nach Syrien wagt er gar nicht erst
zu hoffen.

MAMADOU AUS DEM SENEGAL

VON DER FAMILIE ZUM VERSAGER GESTEMPELT

Da war er also wieder in Dakar gelandet. Nur dass Mamadou die sieben besten Jahre seines Lebens vertan hatte und ärmer war als zuvor. Er hatte alles verloren, sein Geld, seine Träume und sein Selbstvertrauen. Seiner Familie konnte er nicht unter die Augen treten, er war ein Ausgestoßener. Wie anders hatte er sich doch seine Rückkehr in den Senegal einst vorgestellt. Er hatte reich und ein wenig angeberisch daherkommen wollen, damit alle ihn beneideten. Ja, so hatte Mamadou sich das gedacht. Und nun führten ihn zwei deutsche Polizisten aus dem Flieger. Wenigstes hatten sie ihm keine Handschellen angelegt, aber jetzt konnte er sowieso nicht mehr davonlaufen.

Mit der Ankunft in Dakar stiegen die alten Erinnerungen hoch. Der damals Zwanzigjährige hatte seine Ausbildung als Automechaniker beendet und Arbeit gesucht. Erst sah er sich in seinem Heimatstädtchen um, fand aber keine freie Stelle. Dann kam er in die Hauptstadt. So viele Autos, da wurden sicher Automechaniker gebraucht, dachte er. Mamadou fand einen Job in einer Werkstatt, doch dort zahlte man ihm so wenig, dass er sich keine Wohnung leisten konnte. Beim nächsten Dienstgeber war es nicht anders, aber immerhin sammelte er Berufserfahrung. Schließlich riet ihm ein Bekannter, es in einer großen Autobuswerkstatt zu versuchen. Die Mitarbeiter dort waren regulär angestellt, nicht stundenweise, wie in den kleinen Betrieben.

Mamadou hatte Glück, sie suchten einen Automechaniker

und er wurde zur Probe aufgenommen. In der Probezeit könnte er ihm nichts zahlen, sagte der Werkstattleiter, er wollte
sehen, ob Mamadou überhaupt die nötigen Fähigkeiten mit-
brachte. Wie hatte sich Mamadou damals ins Zeug gelegt! Er
wollte diesen Job und er wusste, dass er gut genug war. So
schuftete er und erledigte alles, was von ihm verlangt wurde.
Ihm unterlief kein Fehler, er machte alles richtig. Nach zwei
Wochen ging er zu seinem Vorgesetzten und fragte, wie es weitergehen sollte. »Ja, du kannst den Job haben. Wie viel zahlst
du mir dafür?«, antwortete der. Mamadou glaubte sich verhört
zu haben und fragte nach: »Ich soll dir etwas zahlen, damit ich
hier arbeiten kann? »Ja klar«, antwortete der. »Was glaubst du,
wie viele diese Stelle gerne hätten. Du hast Glück, dass ich sie
ausgerechnet dir anbiete.«

Das traf Mamadou wie ein Faustschlag. Er hatte schon bei
Freunden geschlafen und kaum etwas gegessen, um sich ohne
Einkommen durchzubringen, für Bestechung hatte er kein
Geld. Auf eine Ratenzahlung wollte sich der Werkstattleiter
allerdings nicht einlassen. Ohne Bargeld kein Job.

Da es nicht mit einer Anstellung klappte, wollte Mamadou
sich selbständig machen. Doch die Investitionen waren hoch.
Er borgte sich Geld von einem Onkel aus und kaufte die not-
wendigsten Werkzeuge. Mit der Hilfe des Onkels konnte er
auch einen Werkstattraum am Stadtrand mieten und bot seine
Dienste als Automechaniker an. Mamadou hatte Vertrauen in
seine Fähigkeiten. Seit er ein kleiner Bub gewesen war, hatte er
sich mit Autos befasst. Das war seine große Leidenschaft und er
war gut in seinem Beruf. In der Schule hatte er immer zu den
Besten gehört und er war fleißig. Das sprach sich bald herum
und Mamadou konnte nicht klagen. Es kamen genug Aufträge
herein, das Geschäft lief. Langsam stotterte er seine Schulden
ab und kaufte noch mehr Werkzeug. Es ging bergauf.

Mamadou fand, dass es nun an der Zeit war, eine Familie zu gründen. Die richtige Frau hatte er auch schon getroffen. Aminata lebte mit ihrer Familie zwar in Dakar, stammte aber aus der gleichen Gegend wie Mamadou. Beide Familien waren mit der Heirat einverstanden. Das Brautgeld würde er in ein, zwei Jahren zusammengespart haben. Inzwischen arbeitete Aminata weiterhin in einem Büro als Sekretärin.

Doch Mamadous Lebensplan wurde ordentlich durcheinandergewürfelt, als eines Tages ein Mann im Anzug in der Werkstatt erschien. Er kam von der Steuerbehörde, sah sich um und sagte: »Ich sehe, Ihre Geschäfte laufen ja sehr gut. Das freut mich für Sie. Wir werden berechnen, wie viel Steuer Sie zahlen müssen.« Schon bald kamen hohe Forderungen, Nachzahlungen, Vorauszahlungen, diese Steuer und jene Steuer. Die Steuergesetze waren für Mamadou nicht durchschaubar und je mehr er sich zur Wehr setzte, desto astronomischer wurden die Forderungen. Die Rückzahlung seiner Schulden, die Investitionen in die Ausstattung seiner Werkstatt, all das wollte die Steuerbehörde nicht als Betriebsausgaben anerkennen. Am Ende wurde er gepfändet und stand vor dem Nichts.

Viele seiner Freunde waren »mbeng« gegangen, also nach Europa ausgewandert, aber das wollte Mamadou eigentlich nicht. Er wollte heiraten, Kinder haben und Autos reparieren. Doch ohne Job war nichts zu machen. Also beschloss er, nach Algerien zu gehen, dort gebe es gute Verdienstmöglichkeiten, hatte er gehört. Dort konnte er zwei Jahre arbeiten und genug Geld verdienen, um das Brautgeld für Aminata zu bezahlen und beruflich neu anzufangen. Solche Auslandsaufenthalte vor der Heirat waren unter jungen Westafrikanern durchaus üblich. So konnten sie ihren künftigen Schwiegereltern beweisen, dass sie sich im Leben behaupten und eine Familie ernähren konnten.

Zusammen mit einigen Freunden machte sich Mamadou per Bus auf den Weg Richtung Algier. Arbeitskräfte aus Subsahara-Afrika wurden dort immer gebraucht – am Bau, in den Häfen, in der Landwirtschaft. Mamadou fand rasch Arbeit auf einer Baustelle und suchte sich eine Unterkunft. Die Westafrikaner lebten in Gruppen zusammen, denn die Vermieter verlangten unverschämt hohe Preise für die primitivsten Behausungen. Mamadou brauchte nicht viel für sich und rechnete sich aus, wie viel er in zwei Jahren verdienen konnte. Er war zufrieden. Es war eine gute Entscheidung gewesen, nach Algerien zu gehen.

Er bekam regelmäßig seinen Wochenlohn und begann, auch Baumaschinen zu richten, wenn sie kaputtgingen. Sein Vorgesetzter schätzte das sehr, denn so ersparte er sich teure Reparaturen. Auf der Straße wurden Schwarze zwar oft angepöbelt und beschimpft, doch daran gewöhnte er sich. Er horchte einfach weg und ging schnell weiter, um Schwierigkeiten zu vermeiden.

An einem Donnerstagabend ging Mamadou mit zwei Freunden von der Arbeit heim. Sie hatten gerade ihren Wochenlohn bekommen und waren guter Dinge, als sie eine Gruppe von etwa dreizehn-, vierzehnjährigen Buben passierten. Die johlten ihnen rassistische Beschimpfungen entgegen und warfen mit Steinen nach ihnen. Als ein Stein Mamadou an der Schläfe traf, wurde er wütend. Seine Freunde wollten ihn zurückhalten und beruhigen, doch er lief dem Steinewerfer nach und gab ihm eine Ohrfeige. Da schrien die Kinder laut um Hilfe, bis einige algerische Männer aus den Häusern kamen und Mamadou attackierten. Seine Freunde waren schon weggelaufen. Die Männer schlugen Mamadou nieder, traten nach ihm und nahmen ihm sein Geld weg. »Ein dreckiger Schwarzer wird sich nicht an unseren Kindern vergreifen«, schrien sie ihn an.

Als sie endlich von ihm abließen, hatte Mamadou zwei gebrochene Rippen und viele blaue Flecken. Mit Mühe schleppte er sich in seine Unterkunft. Die Mitbewohner versorgten ihn und redeten auf ihn ein: »So etwas darfst du nie wieder tun, wenn einer von uns aufbegehrt, werden sie wütend und wir müssen alle dafür büßen. Sie haben auch schon welche von uns totgeschlagen. Die Polizei schaut weg oder gibt uns die Schuld.«

Am Sonntag schleppte sich Mamadou auf die Baustelle, aber er konnte nicht arbeiten und wurde heimgeschickt. Der Vorarbeiter machte ihm klar, dass er gar nicht mehr zurückzukommen brauchte, krankfeiern würde er nicht tolerieren.

Nach einer Woche war Mamadou wiederhergestellt und ging erneut auf Arbeitssuche. Bald stellte sich ein Rhythmus ein: Er fand einen Job, arbeitete, solange er gebraucht wurde, dann schickten sie ihn weg. Nicht selten passiert es ihm und seinen Landsleuten, dass man ihnen für ihre Arbeit weniger als ausgemacht oder gar nichts bezahlte. »Geht doch zur Polizei, wenn es euch nicht passt!«, riefen ihnen die Bauherren zu, wenn sie sich beschweren wollten.

Der Rassismus verfolgte Mamadou und seine Landsleute überall. In den Geschäften verrechnete man ihnen mehr als den Algeriern. Auf der Straße wurden sie beschimpft und attackiert. Die Polizei kontrollierte immer wieder die Papiere von Schwarze und erfand Vorwände, um ihnen Geldstrafen abzupressen. Auch die Entlohnung wurde schlechter, sie wurden immer öfter um ihr Geld betrogen.

Gleichzeitig las man in den Medien vermehrt von Massenabschiebungen. Die verliefen so: Menschen dunkler Hautfarbe wurden willkürlich von den Sicherheitskräften festgenommen und auf der Stelle an die Grenze zu Niger gebracht, ohne behördlichen Bescheid, ohne die Möglichkeit, jemanden zu informieren oder ihre Habseligkeiten mitzunehmen. Es konnte jeden jederzeit treffen, egal ob er die notwendigen Papiere hatte oder illegal im Lande war.

Einmal entging Mamadou einer Polizeirazzia im letzten Moment, er war schnell abgebogen und hatte sich in einem Hauseingang geflüchtet. Er ging nun dazu über, sein gesamtes Erspartes immer bei sich zu tragen, am Körper versteckt, damit er das Geld nicht auch noch zurücklassen musste. Viel war es ja nicht, und seine großen Pläne nach der Rückkehr konnte er damit noch lange nicht finanzieren.

So schlug er sich noch einige Monate durch, obwohl die Fremdenfeindlichkeit unter den Algeriern spürbar wuchs. Einmal geriet auch er trotz aller Vorsicht in eine Polizeisperre und wurde auf einen Lastwagen verfrachtet. Die Polizei schlug auf die Männer ein und beschimpfte sie. Er wurde abgetastet, doch sein Geldversteck entdeckten sie glücklicherweise nicht.

Ein ganzer Lkw-Konvoi fuhr Richtung Süden durch die Wüste. Die Polizei hatte wohl zweihundert bis zweihundertfünfzig afrikanische Männer und Frauen verhaftet und auf die Ladeflächen gepfercht. Bei sengender Sonne und ohne Wasser oder Nahrung fuhren sie viele Hundert Kilometer. Wenn sie bei Checkpoints stehen blieben, wurden sie geschlagen. Manchmal holten sich die Polizisten Frauen in die Wachstube und vergewaltigten sie vor aller Augen. Mamadou war wie erstarrt vor Entsetzen. Diese Menschen hatten nichts getan, sie hatten nur die falsche Hautfarbe, das war ihr »Verbrechen«.

An der Grenze ließ man die »refoulés«, die Deportierten, einfach aus und ermahnte sie, nie mehr nach Algerien zurückzukehren. Mamadou schlug sich mit seinen afrikanischen Brüdern nach Agadez durch, den berüchtigten Migrantenumschlagplatz in Niger. Wie die meisten anderen wusste er, dass er es wieder versuchen musste. Ihm blieb gar nichts anderes übrig. Er konnte nicht mit leeren Händen heimkehren. Aminatas Eltern würden ihn zurückweisen und so würde er Schande über seine eigene Familie bringen. Er wäre für immer als Nichtsnutz abgestempelt.

Wer nicht genug Geld für die Wüstenquerung hatte, suchte in Agadez nach Gelegenheitsarbeiten, doch in der von Migranten überfüllten Stadt war es nicht leicht, einen Job zu bekommen.

Mamadou hatte Geld. Er fand einen Tuareg, der Menschen in Kleinlastern durch die Sahara führte. Während er seinen Kunden auf die Ladefläche half, erzählte er lachend, dass schon sein Großvater Waren und Menschen durch die Wüste transportiert hatte, aber damals auf Kamelen. Die Reise war viel teurer als beim ersten Mal, und der Fahrer warnte seine Passagiere, dass es beschwerlich werden würde. Er musste abgelegene Routen nehmen, um der algerischen Polizei auszuweichen.

Tatsächlich kannte der Mann sich in der Sahara gut aus, mied die Checkpoints und brachte sie bis in den Norden Algeriens. Die letzten zweihundert Kilometer mussten sie per Bus oder Autostopp reisen, sagte er, für ihn sei es zu gefährlich.

Als Mamadou in seiner alten Unterkunft in Algier ankam, hatte er fast sein ganzes Erspartes ausgegeben. In seinem alten Bett schlief schon ein neuer Untermieter, doch immerhin hatte sein Bettnachbar Mamadous spärliche Besitztümer in einem Plastiksack aufbewahrt.

Da wurde Mamadou klar, dass er seine ehrgeizigen Pläne in Algerien nicht umsetzen konnte. Hier würde er nie genug verdienen, um sich seine Zukunft aufzubauen. Er würde also, wie viele vor ihm, »mbeng« gehen müssen. Er musste nur noch das Geld für die Reise nach Europa verdienen. So begann sein algerischer Arbeitsrhythmus von Neuem. Arbeit suchen, rackern, sparen, sich möglichst unsichtbar machen, um allen Scherereien aus dem Weg zu gehen.

Von einem Bekannten hörte er, dass man in einer der EU-Botschaften gegen Bestechungsgeld ein Visum kaufen konnte. Das war nicht billig, aber es war die einzige Möglichkeit, die Mamadou sah, nach Europa zu gelangen. Auf Facebook konnte er verfolgen, wie viele seiner Bekannten in Europa lebten. Auf den Fotos standen sie vor großen Autos und schönen Häusern. Sie waren gut gekleidet und sahen glücklich aus. Sicher hatten sie ordentliche Arbeitsverträge und wurden nicht um ihren Lohn betrogen.

In Europa ging alles fair zu. Mamadou konnte sich gut an seinen Schulunterricht erinnern. Man hatte ihnen beigebracht, dass Europa der Kontinent der Menschenrechte und der Rechtsstaatlichkeit war. Sie hatten gelernt, dass die Ausbildung nirgendwo sonst auf der Welt so gut war. Das alles ging ihm durch den Kopf, als er seinen Pass mit Visum endlich in der Hand hielt.

Sein Leben lang hatte er deutsche Autos und deutsche Ingenieurskunst bewundert. Also beschloss er, die Fähre nach Marseille zu nehmen und von dort nach Deutschland weiterzureisen. In der deutschen Autoindustrie wollte er arbeiten und so viel dazulernen, dass er nach seiner Rückkehr die beste Autowerkstatt von Dakar aufmachen konnte. Aminata war schon sehr verzagt gewesen, als er ihr von der Abschiebung berichtet hatte. Doch nun freute sie sich mit ihm. Wenn es gut lief, konnte sie sich ja vielleicht ihm anschließen, schrieb sie ihm auf WhatsApp. Die Zukunft schien voller Möglichkeiten.

Die Fahrt auf der Fähre verlief ereignislos und Mamadou konnte ohne Probleme in Frankreich einreisen. Nach Deutschland reiste er per Bus weiter und genoss die Landschaft. Mamadous Ziel war das Saarland, gleich an der Grenze zu Frankreich. Dort gab es eine blühende Automobilindustrie, da wollte er hin. Es sah alles so ordentlich und schön aus, wie er es in so vielen Filmen gesehen hatte. Niemand würde ihn anpöbeln, die Menschen in Europa waren freundlich. Endlich würde in seinem Leben alles nach Plan gehen.

In Saarbrücken angekommen lief Mamadou durch die Straßen auf der Suche nach Afrikanern, die er um Rat fragen konnte, was als Nächstes zu tun sei. Schon in der Nähe des Bahnhofs fand er ein afrikanisches Lokal, trat ein und bestellte einen Ataya, einen senegalesischen Tee. Er kam mit den Kellern und einigen Gästen ins Gespräch und erklärte ihnen, dass er Arbeit und eine Bleibe suchte.

Doch die bombardierten ihn mit Fragen, deren Sinn er nicht erfasste: Was hast du für einen Status? Haben sie dir in Frankreich die Fingerabdrücke abgenommen? Hast du schon einen Asylantrag gestellt?

Nein, nein, beschwichtigte er sie. Er hatte gar keine Absicht, einen Asylantrag zu stellen. Er wollte nur ein paar Jahre in Deutschland arbeiten, sich fortbilden und etwas Geld ansparen. Dann würde er heimkehren und eine Existenz gründen.

Seine Gesprächspartner sahen Mamadou besorgt an und schüttelten die Köpfe. Da dämmerte ihm langsam, dass das alles nicht so einfach werden würde, wie er es sich vorgestellt hatte. Er könne nicht mit seinem Touristenvisum in Deutschland bleiben und arbeiten. Dafür brauche man eine Arbeitserlaubnis. Die würde er aber erst bekommen, wenn er Asyl hätte. »Kurzum, du musst einen Asylantrag stellen, aber du darfst nicht sagen, dass du hergekommen bist, um zu arbeiten. Du musst sagen, dass du flüchten musstest, weil du verfolgt wurdest.«

Aber wieso? Mamadou verstand die Welt nicht. Er wollte doch nur ein anständiges Leben mit seiner Hände Arbeit. Im Senegal gab man ihm keine Chance, in Algerien war es lebensgefährlich. Zurückkehren konnte er nicht mit leeren Händen.

Seine neuen Freunde brachten Mamadou zu einer Flücht-lingsorganisation, wo er erst einmal unterkommen konnte. Auch die Beraterin dort sagte das Gleiche wie seine Freunde. Als Staatsbürger eines Nicht-EU-Landes konnte er nicht einfach so dableiben. Er musste seinen Aufenthalt legalisieren, indem er einen Asylantrag stellte. Solange der nicht entschieden war, konnte er in Deutschland leben, aber arbeiten durfte er nicht. Falls er Asyl bekam, durfte er allerdings nie mehr in den Senegal reisen, sonst würde er diesen Status verlieren.

Mamadou schwirrte der Kopf, als er die Informationen zu verarbeiten suchte. Das war alles sehr kompliziert und völlig unlogisch. Er hatte im Internet gesehen, dass einige Firmen in der Gegend gelernte Automechaniker suchten. Er war dafür qualifiziert, durfte aber dennoch nicht arbeiten? Die Rechtslage zwang ihn stattdessen, einen Asylantrag zu stellen, den er nicht wollte. Er musste mit irgendeiner Geschichte über Verfolgung im Senegal daherkommen, obwohl er dort ja nur von den Steuerbehörden ungerecht behandelt worden war. Die Verfolgung, die er in Algerien erlebt hatte, zählte hingegen nicht und würde ihm beim Asylantrag nichts nutzen. Sollte er Asyl bekommen, durfte er bleiben, aber er musste seine Brücken in den Senegal abbrechen, obwohl er dorthin eigentlich zurückwollte. Er wusste mittlerweile, dass viele Europäer eigentlich keine afrikanischen Zuwanderer akzeptierten. Wieso zwang man ihn dann, auf Dauer hierzubleiben, statt dass man ihm die Chance gab, ein paar Jahre in Europa zu arbeiten und heimzufahren? Er wälzte all diese Widersprüche im Kopf herum und war verzweifelt. Warum nur hatte man als Afrikaner überall so schlechte Karten?

Wie es nicht anders ging, stellte Mamadou seinen Asylantrag, zog in ein Aufnahmelager und erzählte im Interview, wie in die Behörden schikaniert hätten und dass ihm im Senegal Gefahr drohte. Dann kam das lange Warten. Als Asylbewerber aus dem Senegal hatte er keinen Anspruch auf Deutschkurse. Arbeiten durfte er auch nicht. Er saß also herum, tagein, tagaus, und wartete auf seinen Bescheid. Ich vertue meine Jugend hier ohne etwas zu verdienen, ohne etwas zu lernen. Es ist ein Scheißleben. Ich kann nicht vor und nicht zurück, dachte er oft.

Wenn er sich ein wenig zerstreuen wollte, ging er zu einer nahe gelegenen kleinen Autowerkstatt und sah den Männern beim Arbeiten zu. Er staunte über die Ausstattung und die vielen Geräte, die den Mechanikern zur Verfügung standen. Man kannte ihn dort schon beim Namen und Mamadou wechselte stets ein paar Worte mit dem Besitzer, der ganz gut Französisch konnte. Er störte niemanden und so ließen sie ihn zusehen und freuten sich an seinem Interesse.

Wenn er nach Hause schrieb, konnte er sein Scheitern nicht eingestehen. Was würden sie alle von ihm denken? Dass er unfähig war? Dass er auf der faulen Haut lag?

Also berichtete Mamadou vom schönen Leben, schickte Bilder von den Autos, Häusern und Menschen, die ihn umgaben. Vom Asylbewerberheim schrieb er nicht. Als dann sein Vater erkrankte und seine Familie Unterstützung brauchte, war er in einem Dilemma. Sie forderten ihn auf, Geld zu schicken, doch er hatte keines. Wenn er jetzt sagte, dass er eigentlich bettelarm und verzweifelt war, würden sie ihn für einen Lügner halten, der seiner Familie nicht helfen will.

Mamadou wusste nicht ein noch aus, als ein Mitbewohner ihn ansprach und ihm vorschlug, auf der Straße Drogen zu verkaufen. Er solle nicht gleich antworten, sagte der Bekannte, als Mamadou sofort den Kopf schüttelte, er solle lieber darüber schlafen. Die Bezahlung war gut, das Risiko minimal, behauptete er. Alles in Mamadou sträubte sich. Er selbst nahm keine Drogen und wollte damit eigentlich nichts zu tun haben. Andererseits rechnete seine Familie damit, dass er Geld schicken würde.

Nach einer durchwachten Nacht wusste Mamadou noch immer keine Lösung. Daher ging er dorthin, wo er sich am leichtesten beruhigen konnte, zur Autowerkstatt. Der Besitzer sah sein bekümmertes Gesicht und fragte, warum er so traurig dreinschaute. Mamadou sagte ihm, dass sein Vater krank war und den Arzt nicht zahlen konnte. »Und weil ich in Europa bin, glauben alle, dass ich reich bin und ihnen nicht helfen will, weil ich kein Geld schicke.«

Der Werkstattbesitzer fragte: »Darfst du arbeiten oder eine Lehre machen?« Doch Mamadou verneinte. Er befand sich in einem laufenden Asylverfahren. Er kam aus einem sogenannten sicheren Drittland und hatte kein Recht zu arbeiten. Er konnte einen Antrag stellen, doch die Aussicht auf Arbeitserlaubnis war gering. Da machte der Werkstattbesitzer einen Vorschlag. Mamadou durfte nicht als Mechaniker arbeiten, aber er konnte Hilfsdienste verrichten, Werkstatt reinigen, Autos waschen, Reifen aufpumpen, kleine Arbeiten verrichten, die sonst von Lehrlingen übernommen wurden. »Ich zahle dir fünf Euro die Stunde als Taschengeld. Das ist nicht ganz legal, aber es hilft dir und es hilft uns.« Mamadou rechnete schnell, das waren zweihundert Euro pro Woche. Er könnte also in vierzehn Tagen vierhundert Euro überweisen. Das war im Senegal viel Geld. »Kann ich gleich anfangen?«, fragte er und weinte fast, als er einen Blaumann bekam. Voller Begeisterung stürzte er sich auf alle Aufgaben, die man ihm stellte.

Seinem Bekannten im Erstaufnahmelager sagte er noch am selben Abend ab. Was er jetzt tat, war zwar auch nicht ganz legal, aber das konnte er mit seinem Gewissen vereinbaren, Drogen dealen nicht. Zum ersten Mal seit sehr langer Zeit verfiel Mamadou am Abend müde und zuversichtlich in einen tiefen, erholsamen Schlaf. Wie gut es doch tat, körperlich erschöpft zu sein statt vom Grübeln.

Nach drei Wochen hatte Mamadou zweimal Geld nach Hause geschickt und der Werkstattbesitzer reduzierte seine »Arbeitszeit«. Mamadou begriff, dass der Mann ihm nicht regelmäßig 800 Euro pro Monat zahlen konnte, aber dass er ihm hatte aushelfen wollen, und war dankbar dafür. Trotzdem verdiente er sich ein wenig Taschengeld, sparte und sandte es nach Hause, wenn genug zusammengekommen war.

So gingen insgesamt fast drei Jahre ins Land. Mamadou hatte den ersten negativen Asylbescheid erhalten, dann den zweiten. Daraufhin hatte er seine wenigen Sachen vorsorglich in eine Reisetasche gepackt und seinen »Kollegen« in der Werkstatt gesagt, dass er bald abgeschoben werden würde. Er wusste von einem Tag auf den anderen nicht, wann man ihn holen würde.

Anders als andere Männer in seiner Lage ließ er alles ruhig über sich ergehen. Zwei Beamte in Zivil begleiteten ihn auf dem Flug. Sein erster Flug aus Europa nach Senegal war also alles andere als der einst erträumte Triumphzug. Mit Geld und Geschenken hatte er ankommen wollen, jetzt kam er wie ein Verbrecher mit Polizeieskorte.

Aminata war längst mit einem anderen verheiratet. Seine Familie betrachtete ihn als Versager, als jemanden, der eine große Chance im Leben aus eigener Unfähigkeit vertan hatte. Fünf Jahre lange hatte er mit aller Kraft versucht, eine Zukunft aufzubauen. Erst im Senegal, dann in Algerien und zuletzt in Deutschland. Doch jedes Mal war er gescheitert. Jetzt, mit gerade einmal fünfundzwanzig Jahren, war er am Ende seiner Hoffnungen und seiner Kraft.

IMANI UND IDRIS AUS SOMALIA

AUS DER LIBYSCHEN HÖLLE
IN DIE EUROPÄISCHE AUSWEGLOSIGKEIT

Wenn Imani heute zurückdenkt, kann sie sich genau erinnern, wann sie zum ersten Mal ernsthaft über Europa nachdachte. Es war ein Tag im April vor vier Jahren. Sie war mit Freundinnen in einem Café. Man plauderte über alles Mögliche. Da sagte plötzlich eine ihrer Freundinnen: »Habt ihr schon gehört? Deeka ist in Italien. Ihre Familie hat so lange nichts von ihr gehört, doch gestern hat sie endlich angerufen. Sie hat es geschafft. Sie ist angekommen und will gleich Arbeit suchen und Geld schicken.«

Das hatte Imani beeindruckt. Natürlich war ihr bewusst, dass viele Menschen Somalia verließen und auf »Tahriib« gingen, auf die Reise in dieses reiche Europa. Aber noch nie war eine Nachbarin nach Europa gegangen, ein Mädchen, das sie persönlich kannte. Imani war fasziniert und brannte darauf, die Sache am Abend mit ihrem Zwillingsbruder Idris zu bereden. Ihren Eltern gegenüber durfte sie das nicht erwähnen. Die sprachen ständig davon, dass die jungen Leute im Land bleiben sollten und nicht weggehen, dass das nicht gut sei für das Land und gefährlich außerdem.

Idris kam oft spät nach Hause, weil er lange mit Freunden im Teehaus saß. Die Burschen durften das, ihr als Mädchen war es nicht erlaubt, abends auszugehen. Schon ihr Schulweg wurde zum Problem. Immer öfter wurden Schülerinnen von al-Schabaab-Milizen attackiert, weil die es unschicklich fanden, wie sich die Schülerinnen kleideten und dass sie überhaupt eine Ausbildung haben wollten, auch wenn es eine reine Mädchenschule war, die Imani besuchte. In Europa, dachte sie verträumt, kann man als Mädchen wahrscheinlich sogar an einer Universität studieren.

Als Idris endlich kam, waren die vier kleineren Geschwister schon im Bett. Imani zog ihren Bruder in den Garten hinter dem Haus und berichtete, was sie erfahren hatte. Idris war nicht überrascht. »Schau, ich zeig dir was«, sagte er und nahm sein Smartphone zur Hand und scrollte durch Facebook. Imani hatte kein Smartphone und schon gar keine Facebook-Seite. So etwas wurde bei anständigen Mädchen nicht gerne gesehen. Sie hatte ein altmodisches Handy, wie fast alle ihre Freundinnen.

»Hier, das ist Abdi, den kennst du doch. Schau, was für tolle Bilder er postet. Er ist in Schweden. Schau dir diese Autos an und das Haus, vor dem er steht. Und hier siehst du Scharif. Der ist in Österreich. Keine Ahnung, wo das ist. Aber schau, wie grün dort alles ist und was für schicke Sachen der trägt.« Idris hatte noch viele solcher Fotos und Videos, doch er schaltete das Handy schnell ab, als der Vater sich zu ihnen gesellte.

Das Thema ließ die Zwillinge nicht mehr los. Immer wenn sie alleine waren, redeten sie von Europa. Eines Abends flüsterte Idris ihr zu: »Ein paar Freunde und ich wollen übermorgen weg, erst über die äthiopische Grenze Richtung Jijiga und dort gibt es Menschen, die einem helfen, weiterzukommen. Wir haben einen Kontakt. Komm doch mit!«

Imani ließ sich das nicht zweimal sagen und war am übernächsten Tag auch bereit. Sie hatte ihre Papiere und Kleidung in die Schultasche gepackt und ging am Morgen zur üblichen Stunde aus dem Haus. Ihr Bruder hatte das Geld der Familie aus dem Versteck seines Vaters an sich genommen und verließ auch am Morgen das Haus mit seinem Schulrucksack.

Doch sie gingen nicht zu ihren jeweiligen Schulen, sondern

zum vereinbarten Treffpunkt in einem anderen Stadtviertel. Sie waren zu siebt. Fünf Burschen und zwei Mädchen. Die andere war eine frisch verheiratete junge Frau, die mit ihrem ebenso jungen Ehemann aufbrechen wollte.

Der junge Ehemann hatte das Auto seines Vaters »ausgeborgt«, alle zwängten sich hinein und sie fuhren Richtung Äthiopien. Mit dem klapprigen Wagen kamen sie nur langsam voran, aber am Nachmittag hatten sie es zur Grenze geschafft. Dort wartete der äthiopische Kontaktmann auf sie und mit ihm fuhren sie im Kleinbus weiter. Idris erinnerte sich an die Warnungen seines Vaters vor Schleppern und stellte ihm viele Fragen: Wie würde es weitergehen? War die Reise gefährlich? War sie teuer, sie hätten ja nicht viel Geld.

Der Mann beruhigte sie lachend. Aber nein, all diese Schauermärchen seien übertrieben »Das dürft ihr nicht ernst nehmen. Ich helfe euch gerne. Die Reise ist nicht lang und total sicher. Ihr braucht keine Angst zu haben.« Er sagte, er würde sie an einen Freund im Sudan übergeben, von dort ginge es durch Libyen gleich nach Italien.

Sie fuhren also quer durch Äthiopien und bis in den Sudan. Als sie in Al Hajar Rast machten, begann Imani erstmals an den Motiven ihrer »Helfer« zu zweifeln. Sie wurden in eine große Unterkunft gebracht, wo sie mit Dutzenden anderen auf die Weiterreise warten mussten. Es gab nicht genug zu essen und sie wurden von bewaffneten Männern bewacht. Wer aufbegehrte, wurde geschlagen.

Nach rund einer Woche waren die Geschwister an der Reihe. Mit vielen anderen Somaliern und Eritreern fuhren sie los. Nach einer langen Strecke auf einem Lkw stiegen sie ab und mussten zu Fuß weiter. Aus ihrer ursprünglichen Gruppe kamen nicht alle auf diesem Transport mit, nur das junge Ehepaar. Geschwächt vom Hunger und durstig von der

Hitze liefen sie durch das Gelände. Wer müde wurde und zu langsam war, auf den schlugen die Bewacher mit Stöcken ein. Wie sich herausstellte, war die junge Ehefrau schwanger und vom Essensentzug zusätzlich geschwächt. Als sie einmal stürzte, traten die Bewacher mit Füßen nach ihr. Weiter, weiter, hieß es. Ein Mann hatte einen Malariaanfall und konnte nicht mehr aufstehen. Als auch das Prügeln nichts half, ließen ihn die Schlepper kurzerhand liegen und trieben die anderen vorwärts.

Endlich waren sie in Libyen und wurden an eine bewaffnete Gruppe übergeben, die mit dem Lkw auf sie wartete. Erleichtert dachte Imani, dass jetzt das Schlimmste wohl ausgestanden war. Aber es sollte viel, viel schlimmer kommen, als sie es sich je hätte ausmalen können.

Die Libyer gaben den sudanesischen Bewachern ein Bündel Banknoten und pferchten die Gruppe auf die Ladeflächen von zwei Kleinlastwagen. Imani hatte Glück und saß mittendrin, doch Idris kam am Rand zu sitzen. Seine Füße baumelten über die Bordwand, die weiter innen sollten die außen Sitzenden festhalten. Er würde nicht stehen bleiben, falls einer runterfalle, teilte ihnen der Fahrer noch mithilfe eines Dolmetschers mit, dann gab er Gas und sie holperten mit halsbrecherischer Geschwindigkeit durch die Wüste. Die Sonne brannte ihnen auf die Köpfe und sie hatten Durst. Als die Fahrer Pause machten, gaben sie ihren Passagieren einen Kanister Wasser, doch das schmeckte nach Diesel und war so eklig, dass niemand trinken wollte.

Die erste Nacht schliefen sie im Freien und froren schrecklich. Tags darauf ging es weiter durch die Sahara. Einmal sahen sie drei, vier tote Afrikaner am Straßenrand, halb von Sand bedeckt. Imani schauderte.

Am zweiten Abend kamen sie zu einem Haus, wo sie ein

wenig zu essen und zu trinken bekamen. Es gab einen Raum für Frauen und einen für Männer zum Schlafen. Sie bekamen nur dünne Decken und mussten sich auf den Boden legen, doch Imani tröstete sich damit, dass Italien gleich nach Libyen lag. Alhamdulillah, Gott sei Dank! Todmüde schlief sie ein.

Am nächsten Morgen wurden alle geweckt und in den Hof geführt. Ihre Bewacher hatten Eisenstangen und abgeschnittene Wasserschläuche dabei und schlugen auf sie ein, schrien sie an, sie sollten sich in einer Reihe anstellen. Erst kamen die jungen Männer dran. Ruf zu Hause an, schrie einer der Libyer den Ersten in der Reihe an. Ein somalischer Dolmetscher übersetzte: »Sag deiner Familie, sie müssen binnen drei Tagen 4800 Dollar zu bezahlen, sonst bringt man dich um!« Als der Bursche einwandte, dass seine Familie nicht reich sei, schlugen sie ihn. Schließlich stellte er mit zitternden Fingern die Verbindung her. Während er versuchte, den Angehörigen seine Lage zu erklären, prügelten sie wie wild auf ihn ein, sodass er zwischendurch immer wieder vor Schmerzen schreien musste.

So ging es einem nach dem anderen. Bei manchen, die ein Smartphone besaßen, machten sich die Libyer einen Spaß daraus, die Prügelorgie per Video zu übertragen. Das ging stundenlang weiter, bis alle angerufen hatten. Wer sagte, er habe keine Verwandten oder seine Familie habe kein Telefon, wurde besonders brutal geschlagen und getreten. Einige brachen blutüberströmt zusammen. Alle anderen mussten dabeistehen und zusehen.

Auch Idris versuchte, sich zu widersetzen. Seine Eltern seien telefonisch nicht erreichbar, sagte er. Sie hätten außerdem kein Geld. Und nein, Verwandte in Europa habe er auch nicht. Als ihm einer der Bewacher die Nase brach, hielt Imani es nicht mehr aus. Sie rief »doch, sie haben ein Telefon!«, und gab die Nummer an. Idris war zusammengebrochen und konnte nicht sprechen, da übernahm der Dolmetscher die Konversation. Er hielt das Telefon ganz nahe an den stöhnenden und röchelnden Burschen und übersetzte den Auftrag des Libyers: Wir haben euren Sohn und eure Tochter. Könnt ihr ihn hören? Jetzt haben wir ihn geschlagen, aber wenn ihr nicht in drei Tagen je 4800 Dollar zahlt, werden wir ihm die Nieren rausschneiden. Eure Tochter haben wir auch, die ist hübsch. Ihr werden wir nicht die Nase brechen, für sie haben wir ganz andere Pläne. Ich hoffe, ihr habt nur für ihn Geld, denn die Kleine würden wir sehr gerne behalten.«

Die Männer lachten dröhnend und der Anführer leckte sich die Lippen. Sie waren zugedröhnt, betrunken und furchterregend. Imani brach schluchzend zusammen. Ihrem auf dem Boden liegenden Bruder durfte sie nicht helfen, obwohl er aus der Nase blutete und ein Bein verletzt oder gebrochen war.

Den Frauen passierte am ersten Tag nichts. Nach den Männern waren sie dran, ihre Verwandten anzurufen und die Lösegeldforderung zu überbringen. Zu dem Zeitpunkt waren alle schon so verschreckt und eingeschüchtert, dass es die Bewacher nicht für notwendig hielten, auf sie einzuprügeln, um der Forderung Nachdruck zu verleihen.

Als alle Geiseln in die beiden Schlafsäle zurückgeschickt wurden, setzte sich Imani zitternd in einer Ecke und weinte leise vor sich hin. Wie ging es Idris, wie konnte sie ihm helfen? Wie sollten ihre Eltern für sie beide fast zehntausend Dollar aufbringen? Die dreihundert Dollar, die sie als Notgroschen angespart hatten, hatte Idris ja an sich genommen und für die Schlepper und die Reise bisher aufgewendet. Ihr Vater verdiente etwa dreihundertfünfzig Dollar im Monat, davon musste die gesamte Familie leben, Oma und Opa inbegriffen. Sie konnten nicht zahlen. Und was würde dann mit Idris und ihr geschehen?

In ihrem geschockten Zustand nahm Imani den Gestank des Toilettenkübels in der Ecke und der ungewaschenen Menschen um sie herum kaum wahr. Auch Hunger und Durst spürte sie nicht. Sie war wie benommen.

Drei Tage wusste sie nicht, wie es ihrem Bruder ging. Als sie wieder im Hof Aufstellung nehmen mussten, sah sie ihn endlich und erschrak. Sein Bein war offenbar gebrochen. Er konnte nicht gehen und musste von anderen Somaliern gestützt werden. Nur eine Familie hatte angeblich gezahlt und der junge Mann war weiter Richtung Küste gebracht worden, hieß es. Die anderen konnten die Summe nicht aufbringen. Ihre Eltern hatten zweitausend Dollar überwiesen, erfuhr sie vom Dolmetscher. »Das ist viel zu wenig!«, schrie einer der Männer und forderte Imani auf, anzurufen. Weinend berichtete sie ihren Eltern, wie es Idris ergangen war und dass sie große Angst hatten und ohne das Lösegeld nicht freikommen würden. Die Eltern schluchzten ins Telefon, dass sie schon Schulden gemacht hätten, um diese zweitausend aufzubringen, vielleicht könnten sie ja noch mehr bekommen, aber sie brauchten Zeit. Der Dolmetscher übersetzte und der Anführer der Schlepper wurde wütend. Ihr habt keine Zeit mehr, schrie er und schlug mit dem Gummischlauch auf Imani ein, dass sie vor Schmerz laut schrie. »Hört ihr das?«, rief er ein ums andere Mal. »Hört ihr, das? Das ist noch gar nichts, wir können auch anders.«

So ging es einige Tage weiter, Imani und ihr Bruder litten an Hunger, Durst, Schmerz und Angst. Bald hatten sie jedes Zeitgefühl verloren. Am Tag machten sich die Bewacher einen Spaß draus, die Männer zu foltern. Die Mädchen kamen in der Nacht dran, wenn der Oberaufseher einige von ihnen abholte. Wenn sie gegen Morgen zurückgebracht wurden, waren sie voller blauer Flecken, verschreckt und verheult. Niemand sagte, was geschehen war. Über so etwas sprach man nicht und wusste es auch so. Auch Imani blieb nicht verschont.

Die offene Wunde am Bein ihres Bruders hatte sich entzündet. Bei den fast täglichen Prügelorgien im Hof sah sie ihn halb bewusstlos, zitternd. Sie bettelte die Bewacher um einen Arzt oder ein Antibiotikum an, doch einer schlug ihr zur Antwort mit der Faust ins Gesicht.

Mittlerweile führten die Schlepper selbst die Telefongespräche und ließen ihre Geiseln nur ab und zu Schmerzensschreie in den Hörer brüllen. Von den Eltern der Zwillinge kamen noch sechshundert Dollar. Mehr konnten sie nicht aufbringen. Siebentausend Dollar fehlten.

Eines Morgens, als alle antreten mussten, konnte Imani ihren Bruder nirgendwo entdecken. Die anderen Somalier sagten ihr, dass er in der Nacht gestorben und weggebracht worden sei. Da brach sie zusammen. Nach der üblichen Quälstunde im Hof führten die anderen Mädchen sie in den Raum für die Frauen zurück, wo sie stundenlang weinte und betete.

Am nächsten Morgen wachte sie mit dem Gedanken auf, dass der Preis jetzt nur viertausendachthundert Dollar betrug und dass davon ja schon zweitausendsechshundert bezahlt waren. Vielleicht ließe sich der Rest ja doch noch aufbringen. Doch gleich schämte sie sich dafür. Wie konnte sie nur dem Tod ihres Zwillingsbruders eine gute Seite abgewinnen?

In dem Gebäude wurden an die zweihundert Menschen gefangen gehalten, meist Somalier und Eritreer, meist junge Männer. Sie wurden brutal gefoltert, je länger das Geld nicht kam. Zu den Schlägen kamen seit einiger Zeit auch Elektroschocks, immer vor Publikum. Mal wurden die Elektroden am Kopf angebracht, mal an den Hoden. Die Schreie der Opfer waren unerträglich.

Imani war nun schon viele Male in der Nacht von einem

der Wächter abgeholt und im Schutz der Dunkelheit brutal vergewaltigt worden. Bei den öffentlichen Quälereien untertags wurden manchmal auch die Frauen geschlagen mit bloßen Fäusten oder mit Gummischläuchen. Sogar auf Schwangere prügelten die Libyer ein.

An einem Morgen aber hatten sie sich etwas Besonderes ausgedacht. In der Nacht hatte sich ein Mädchen gewehrt, als es fortgebracht werden sollte, und auf den Bewacher eingeschlagen. Es hatte ihr nichts genutzt. Doch nun wollten die Geiselnehmer sie öffentlich bestrafen. Im Hof legte man sie mit nacktem Oberkörper auf einen Tisch und befestigte die Elektroden an ihren Brustwarzen. Sie schrie vor Angst und bäumte sich auf. Als der Stromstoß kam, heulte sie auf wie ein Tier und fiel in eine tiefe Ohnmacht, aus der sie erst am nächsten Tag erwachte. Von da an wehrte sich keine mehr.

Imani wusste nicht, wie lange sie schon in der Wüste gefangen war. Zwei, drei Wochen vielleicht. Sie war mit blauen Flecken übersät und hatte bei einem Schlag mehrere Zähne eingebüßt. Sie war ungewaschen, halb verhungert und schwach. Man ließ sie nicht mehr mit den Eltern reden, doch sie konnte die Gespräche mithören. Die Geiselnehmer sprachen immer noch von 9600 Dollar und taten so, als wäre auch Idris noch am Leben. Sie berichteten den Eltern im Detail, was sie den beiden alles antaten. Doch die Eltern waren hilflos. Noch zweihundert Dollar hatten sie aufbringen können, dann war nichts mehr zu machen.

Eines Tages kamen gut gekleidete Männer an und alle mussten sich im Hof aufstellen. Die Männer gingen durch und kauften ein: »Diesen und den da und dieses Mädchen hier«, sagten sie und Imani begriff, dass das eine Art Sklavenmarkt war, wo die verkauft wurden, die das Lösegeld nicht aufgebracht hatten. Auch sie wurde von einem älteren Mann ausgewählt.

Er nahm sie mit in sein großes Haus in Tripoli. Dort musste sie alle Haushaltsarbeiten verrichten und ihm nachts mehrmals pro Woche zur Verfügung stehen. »Ist es nicht schrecklich?«, dachte sie immer wieder, »dass ich froh bin, hier zu sein, weil es mir als Sklavin besser geht als vorher als Geisel?« Sie hätte ihre Eltern anrufen können, wenn der Mann nicht im Haus war, aber sie schämte sich. Was würde sie ihnen sagen, wie erklären, welche Schande und Not sie über die ganze Familie gebracht hatte. Warum hatte sie nicht auf ihren Vater gehört?

Immerhin konnte sie sich nun regelmäßig waschen und hatte genug zu essen. Imani musste hart arbeiten, sie wurde selten geschlagen, und nie so brutal wie von den Menschenhändlern. Nach einiger Zeit erlaubte ihr »Herr« Imani, aus dem Haus zu gehen. Sie konnte mittlerweile ein wenig Arabisch und ging einkaufen. Irgendwann sagte er, dass seine Freunde eine Putzfrau brauchten, und so begann sie außer Haus zu putzen. An weglaufen war nicht zu denken, wohin hätte sie auch laufen sollen?

Sie durfte die Hälfte ihres Putzlohns behalten und war auch noch dankbar dafür. Imani sparte, um das Geld für die Überfahrt nach Italien zusammenzubekommen. Ihr »Herr« wusste das und es störte ihn nicht. »Ich hol mir bald eine Neue«, sagte er. »Du bist sowieso schon zu lange hier.«

Fast zwei Jahre dauerte Imanis Sklavenleben. Dann hatte sie genug Geld für die Überfahrt. Einen Schlepper zu finden war kein Problem, sie wurde als Afrikanerin immer wieder von ihnen auf der Straße angesprochen. Eine Überfahrt kostete je nach Überfüllung des Bootes zwischen zwei- und viertausend Euro.

Imani nahm ein billiges Angebot, zweitausend Euro. Zweihundert Euro hatte sie noch für sich, für die erste Zeit in Europa. Ursprünglich waren hundert Personen für das Schlauchboot gebucht, doch als alle hineingezwängt waren, lag das Boot fast unter der Wasserlinie. Die Schlepper sahen ein, dass sie sich mit fünfundachtzig Personen zufriedengeben mussten. Eine Gewinneinbuße von fünfzehn Prozent. Fünfzehn Männer wurden von Bord genommen. Imani war erleichtert, dass sie bleiben durfte.

Ein Passagier bekam ein Handy mit GPS und italienischen Notrufnummern in die Hand gedrückt. Dann ging es los. Das Boot war so voll, dass man sich nicht bewegen durfte, um es nicht zum Kentern zu bringen. Es war stockdunkel und Wolken zogen auf. Als auch noch Wind aufkam, schrien die Menschen bei jedem Schaukeln des Bootes. Sie wurden alle seekrank und übergaben sich dort, wo sie gerade saßen. Auch ihre Notdurft verrichteten sie auf diese Weise. Viele beteten laut, die Kinder weinten. Zwischendurch war Wasser ins Boot gedrungen und Panik brach aus, weil alle dachten, dass das Schlauchboot ein Leck hatte, doch glücklicherweise kam es nur von den Wellen, die hineingespritzt hatten.

Imani versuchte an Europa zu denken, an den Frieden, den Wohlstand und das sorglose Leben, das nun zum Greifen nahe war. Nur noch diese Überfahrt musste sie durchstehen, dann würde sich alles zum Guten wenden. Sie würde ihre Eltern anrufen, ihnen sagen, dass sie in Europa sei. Sie würde arbeiten und ihnen die Schulden zurückzahlen.

Allmählich legte sich der Wind und der Morgen dämmerte. Auch wenn der Gestank auf dem Boot unerträglich war, hätte das alles bald ein gutes Ende, dachte Imani und gab sich wieder ihren Tagträumen hin. Sie dachte sich an einen anderen Ort.

Doch es sollte noch einen Tag und eine Nacht dauern, bis ein Rettungsboot sie fand. Viele waren ohnmächtig vor Durst, Angst und Hunger. Ein älterer Mann war über Bord gefallen und sie konnten ihn nicht fassen. Er versank ohne einen Laut in den Fluten.

Als sie schließlich gerettet wurden, ging alles ganz schnell.

Die Retter hievten sie an Bord, gaben ihnen Decken und Wasser. Dann teilten sie Kekse aus. Ein Arzt ging umher, um zu sehen, wer Hilfe brauchte. Imani war schwach und ihre Haut war vom Seewasser gereizt, aber sie war glücklich. Endlich kam sie nach Italien.

Doch bald erfuhr sie, dass das nicht Italien war, sondern Malta. Das kannte sie nicht, aber es war Europa, sagte man ihr. Sie gingen auf wackeligen Beinen an Land und wurden von der Polizei registriert und in ein Aufnahmelager gebracht.

Imani war geschockt. Das sollte Europa sein, ein von Stacheldraht umgebenes Areal, von Polizisten bewacht? Die Frauen wurden im Gebäude untergebracht, den Männern wurden Betten in einem Riesenzelt zugewiesen. Sie begann zu zittern. Würde sich jetzt alles wiederholen, was sie in der Wüste erlebt hatte? Ging das immer weiter?

Doch niemand schlug sie, sie bekam ausreichend zu essen und zu trinken. Die Duschen waren widerlich, aber immerhin, es gab warmes Wasser und Shampoo. Somalierinnen, die schon länger in dem Lager waren, erklärten ihr die Lage. Neuankömmlinge durften das Lager einige Wochen nicht verlassen, bis alle registriert waren. Ihnen wurden die Fingerabdrücke abgenommen und sie mussten einen Asylantrag stellen. Imani wusste nicht, was das war.

Am nächsten Tag kamen junge Leute von einer Hilfsorganisation und erklärten, worum es ging. Jeder, der ankam, musste den Behörden erklären, warum er gekommen war. Wer nur kam, um Geld zu verdienen, wurde zurückgeschickt. Jene, die kamen, weil es zu Hause Krieg und Verfolgung gab, würden vielleicht bleiben dürfen. So verstand Imani die Erklärungen und bekam es mit der Angst zu tun. Zurück? Wohin? Nach Libyen etwa! Nach diesem zweijährigen Leidensweg wieder nach Somalia? Imani war wie vor den Kopf gestoßen.

Nach einigen Tagen in dem Lager wurde langsam etwas zur Gewissheit, was sie bislang nur geahnt hatte. Sie war schwanger, von ihrem »Herrn« in Libyen. Was für eine Schande. Und dann die Angst, zurückgeschickt zu werden. Was würden die Eltern sagen? Der Sohn war tot, die Familie verschuldet und die Tochter entehrt. Ach wäre doch sie statt Idris gestorben. Es wäre für alle besser, dachte sie.

In dem Lager traf Imani auf einen Bekannten aus Hargeisa. Er war mit Idris befreundet gewesen. Er sagte, dass er ab und zu mit seiner Familie telefonierte, und da wusste sie, dass auch ihre Leute bald erfahren würden, wo sie war und wie es ihr ging. Die Schwangerschaft war ihr nun schon anzusehen.

Ein Jahr später war Imani noch immer auf Malta. Sie wohnte nun in einem offenen Flüchtlingszentrum und hatte einen kleinen Sohn. Sie hatte zu essen und bekam Kleidung für sich und das Kind, aber wie es weitergehen würde, wusste sie nicht. Die Familie war böse auf sie. Als sie es einige Male gewagt hatte anzurufen, hatte ihr Vater ihr heftige Vorwürfe gemacht: »Du und Idris habt uns belogen und bestohlen. Wir haben uns so für euch verschuldet. Wir haben alles hergegeben. Eure Geschwister können nicht mehr in die Schule gehen, weil wir uns das Schulgeld nicht leisten können. Und du? Du bist nicht verheiratet und hast ein Kind, noch dazu von einem Araber! Du bist in Europa und willst uns kein Geld schicken, lässt uns in unserer Not allein! Du bist schuld am Tod von Idris, du hast ihm eingeredet, dass er weggehen soll.« All diese Vorwürfe hatte ihr Vater durch das Telefon geschrien, während die Mutter im Hintergrund weinte.

Wie sollte sie ihnen erklären, dass sie mit dem Baby nicht arbeiten konnte wie andere, die bei Malteserinnen putzten? Wie sagen, dass sie noch nicht einmal wusste, ob sie in Europa bleiben konnte oder zurückgeschickt würde?

Ihr einziger Trost war ihr Sohn, dem sie den Namen Idris gegeben hatte. Ein Kind der Schande, der Sohn einer Ausgestoßenen, dachte sie und musste schon wieder weinen. Welche Zukunft hatte sie, welche Zukunft konnte sie ihrem Kind bieten? Früher hatte sie sich nach Europa geträumt, wenn sie sich ein gutes Leben vorstellte. Heute hatte sie nicht einmal mehr Träume, nur diese schreckliche Angst vor dem Leben.

NIHAD AUS DEM IRAK

DIE EWIGE SORGE UM FRAU UND KINDER
ZU HAUSE

Nihad fühlte sich verbraucht und krank und hatte schon jede Hoffnung auf ein besseres Leben aufgegeben, als sein Neffe eines Tages beim Familienessen ankündigte, dass er nach Europa wolle. »Was soll ich hier in Kurdistan? Die Regierung in Bagdad wird uns die Unabhängigkeit nie geben. Unsere eigenen Leute sind korrupt, ständig dieser Streit und die Fraktionskämpfe. Wir Jungen haben keine Chance auf Jobs und ein normales Leben«, lamentierte er.

Der Vater des jungen Mannes, Nihads Bruder, machte sich über seinen Sohn lustig. »Und wie willst du dorthin kommen ohne Visum? Glaubst du, die warten auf dich?« Doch sein Sohn ließ sich nicht abbringen und hatte auf alles eine Antwort. Nach Europa zu gelangen sei überhaupt kein Problem. Ob sein Vater denn gar keine Nachrichten sehe: »Tausende Syrer gehen jeden Tag von der Türkei bis nach Europa. Die deutsche Kanzlerin, Mama Merkel, hat sie eingeladen. Sie dürfen alle Grenzen einfach passieren.« Sein Plan klang simpel. Er würde sich den Syrern anschließen und behaupten, dass er auch aus Syrien kam. Schließlich konnte er perfekt Arabisch, selbst wenn das kurdische Sorani seine Muttersprache war.

Gesagt, getan, schon wenige Wochen später meldete sich Nihads Neffe aus Deutschland. Er war gut untergebracht, es gefiel ihm dort und die Menschen waren sehr nett. Jetzt würde er einen Antrag stellen, damit auch seine junge Frau und das Baby nachkommen konnten. Das klang alles ganz unwirklich, doch als nach einigen Monaten Mutter und Kind tatsächlich nach Deutschland abreisten, begann Nihad den Wagemut seines Neffen in einem anderen Licht zu betrachten. Vielleicht war es doch keine so schlechte Idee, auszuwandern und seine Frau und die drei Kinder später nachzuholen. Was hatte er schon zu verlieren?

Nihad hatte eine leichte Form von Diabetes, doch konnte er sich die Medikamente kaum leisten. Es wurde schlimmer, wenn er sich anstrengte, seine Arbeitskraft ließ nach und Jobs fand er auch keine mehr. Von seinem Neffen erfuhr er, dass die Gesundheitsversorgung in Deutschland kostenlos war. Außerdem bekam man Monat für Monat Geld vom Staat, wenn man nicht arbeitete. »Das ist die Lösung«, sagte er zu seiner Frau, doch die war skeptisch. »Wer weiß, ob das alles so stimmt?«, wandte sie ein, doch Nihad ließ sich von seinem Plan nicht abbringen. Auf Facebook las er nach, was es für Möglichkeiten gab, nach Europa zu kommen, und stieß auf eine wachsende Zahl von Schlepperangeboten in Sorani. Es ging offenbar nicht mehr so leicht wie vor einem Jahr, als sein Neffe sich dem großen Menschenstrom angeschlossen hatte, aber die Angebote machten ihm Hoffnung. Wenn so viele Reisen angeboten wurden, war das doch vielversprechend. Nihad las auch die Berichte von Landsleuten, die schon angekommen waren. Die meisten waren begeistert von ihrem neuen Leben. Es war offenbar viel angenehmer und sorgloser als in Kurdistan.

Ab und zu stieß er auch auf Berichte von Menschen, die sich beklagten, dass die Familienzusammenführung viele Jahre dauerte oder dass es schwer war, Arbeit zu finden, aber davon ließ er sich nicht entmutigen. Wenn er las, dass Flüchtlinge auf der Straße attackiert wurden oder dass man Muslime beschimpfte, dachte er, dass die wahrscheinlich selbst schuld daran waren. Die Europäer waren schließlich zivilisierte Leute. Grundlos würden sie schon niemanden anpöbeln. Er hielt das alles für Lügengeschichten und Ausreden von Versagern.

Nihads Frau war da bei Weitem pessimistischer. »Wovon soll ich mit den Kindern leben, bis du angekommen bist und uns nachholen kannst?«, fragte sie ihn immer wieder und Nihad wusste keine Antwort. Irgendwie würde es schon gehen, seine Brüder würden sie sicher vorübergehend unterstützen. Er würde später alles zurückzahlen und seiner Frau Geld schicken, bis sie auch nachkommen konnte. Es handle sich schließlich nur um ein paar Wochen. »Wir haben mehrere Kriege überlebt, das schaffen wir auch noch«, sprach er ihr Mut zu.

Nach Istanbul zu gelangen, war kein Problem. Es gab Flüge von Erbil, die dauerten keine vier Stunden. Und von dort war man ja schon fast in Europa. Nihad hatte schon Kontakt zu einem Schlepper in Istanbul. Das nötige Reisegeld hatte er durch den Verkauf seines alten japanischen Autos aufgebracht. Seine Frau hatte keinen Führerschein und er würde es nicht mehr brauchen. In Deutschland wollte er sich sowieso einen Mercedes kaufen. So stieg Nihad nach einigen Reisevorbereitungen zum ersten Mal in seinem Leben in ein Flugzeug und trat die große Reise in eine große Zukunft an. Die Familie verabschiedete ihn mit guten Wünschen und »Mashallah!«-Rufen.

In Istanbul ging alles glatt. Er fand den Kontaktmann, den er via Facebook angeschrieben hatte, und dieser gab ihm Anweisungen, bei welchem »Versicherungsbüro« in der Stadt er das Geld für die Reise hinterlegen musste. »Der Makler zahlt mich erst aus, wenn du angekommen bist, du hast also kein Risiko. Nicht alle arbeiten so seriös wie wir«, erklärte ihm der Schlepper. Es gebe Betrüger, die ihre Passagiere irgendwo am Balkan ausließen und ihnen einredeten, sie seien schon in Deutschland. Sein Chef würde solche betrügerischen Methoden nicht dulden. »Wenn sie dich an einer Grenze erwischen und zurückschicken, musst du beim zweiten oder dritten Versuch nichts zahlen. Das übernehmen wir.« Nihad beruhigten diese Worte, denn im Internet hatte er viel über Betrugsfälle gelesen.

Die Schlepper brachten Nihad und einige andere Kurden mit dem Kleinbus hinter Edirna an die bulgarische Grenze und zeigten ihnen, wo sie diese am besten überwinden konnten. Sie schärften ihnen ein, vorsichtig zu sein, denn berittene bulgarische Privatmilizen patrouillierten mit Hunden im Grenzgebiet und waren brutaler als die reguläre Polizei, hieß es. »Vorige Woche haben die Hunde einen Mann halb totgebissen. Heute regnet es, da werden sie wohl nicht ausreiten«, sagten sie. Die Schlepper erklärten ihnen auch, wie sie auf der bulgarischen Seite den Treffpunkt mit ihren dortigen Kollegen finden konnten und gaben ihnen Kontaktnummern für den Notfall.

Die Gruppe nutzte die Dämmerung, um die Grenze zu überschreiten. Am Tag war es zu gefährlich und wenn es ganz dunkel wurde, waren die Taschenlampen zu verräterisch. Die Gruppe setzte sich in Bewegung und blieb wachsam, um nicht in einen Hinterhalt zu geraten. Nach einer halben Stunde glaubten sie, durch den prasselnden Regen leise Stimmen zu hören. Erschrocken kauerten sich die Männer hinter Büsche und Bäume, auch wenn diese keine gute Deckung boten. Nihad hatte große Angst und sein Herz schlug bis zum Hals, als er durch den Regen Gestalten wahrnahm, die sich leise näherten. Erst als sie fast bei ihnen angekommen waren, konnten Nihad und seine Mitreisenden erkennen, dass das keine bulgarische Bürgerwehr war, sondern eine Gruppe Migranten, die so wie sie selbst über die Grenze wollten. Vorsichtig gab sich einer von ihnen zu erkennen, um die Leute nicht zu erschrecken. Beschwichtigend legte er die Finger an die Lippen und bedeutete ihnen, leise zu sein. Nach und nach kamen alle aus dem Gebüsch. Man kicherte ein wenig aus Angst und Peinlichkeit. Dann gingen alle weiter. Zweimal verirrten sie sich, doch irgendwann erreichten sie den Waldweg, wo ihre Schlepper auf sie warteten und sie auf einen Parkplatz zu einem Bus lotsten.

Jeder bekam eine Mineralwasserflasche und ein Käsebrot. Das Wasser enthielt Bläschen wie Coca-Cola und schmeckte komisch, aber Nihad trank davon, weil er großen Durst hatte. Auch seine Mitreisenden mochten diese Art von Wasser nicht und tranken nur aus Not. Die beiden Schlepper, ein Araber und ein Afghane, erklärten den Männern und wenigen Frauen der Gruppe in den jeweiligen Landessprachen, wie es weitergehen würde. Jetzt konnte Nihad feststellen, dass es in der zweiten Gruppe auch einige Pakistanis und Bangaldeschis gab. Mit Letzteren verständigten sich die Schlepper mehr schlecht als recht auf Englisch. Insgesamt waren sie über sechzig Personen, zählte Nihad.

Man würde sie bis an die serbische Grenze bringen, doch hinübergehen müssten sie alleine, wie schon beim Übergang aus der Türkei. Die Schlepper wollten selbst kein Risiko eingehen. Bei der Ausreise war die bulgarische Grenze viel weniger bewacht. »Die wollen euch loswerden, nicht in Bulgarien festhalten«, feixte der Araber, als ihn die Männer besorgt fragten, wie gefährlich es war.

In Serbien mussten sie keine Angst vor den Behörden haben, sagte man ihnen. Im Gegenteil, sie sollten sich der Polizei stellen und sagen, dass sie die Absicht hatten, in Serbien um Asyl anzusuchen. Man würde ihnen dann ein Dokument aushändigen, das ihnen erlaube, sich drei Tage frei und legal im Lande zu bewegen. Außerdem würden ihnen die Beamten die Adresse eines Flüchtlingszentrums nennen, zu dem sie sich theoretisch begeben sollten. Tatsächlich sollten sie aber mit öffentlichen Verkehrsmitteln oder Taxis nach Belgrad reisen und die Schlepper an einem bestimmten Ort in der Nähe des Bahnhofs treffen.

Wer es nicht schaffte, innerhalb der drei Tage Serbien zu verlassen, sollte in das von der Behörde zugewiesene Aufnahmelager gehen. Dort würden sie versorgt und sollten einen Asylantrag stellen. »Keine Angst«, beruhigte sie der Araber, »Serbien gehört nicht zur Europäischen Union. Es werden keine Daten und Fingerabdrücke von Serbien an die EU weitergegeben. Ihr habt also kein Problem, wenn ihr später weiterzieht.«

Wer es nötig hatte, sich ein paar Wochen auszuruhen, sollte ruhig in dem Heim bleiben, das sei gratis, sagte der Schlepper mit Blick auf eine schwangere Frau. Wenn sie so weit waren, konnten sie jederzeit wieder mit den Schleppern via WhatsApp in Kontakt treten. »Wir sind stets zu Diensten.«

Dann fuhren sie im Bus vollkommen unbehelligt von der Polizei bis an die serbische Grenze. Nihad fand das eigenartig. Erst viel später sollte er erfahren, dass das Busunternehmen gleichzeitig für Schlepper und für die Grenzpolizei arbeitete. Jene illegal Eingereisten, die von der Polizei aufgespürt worden waren, brachten die Busse ins Flüchtlingszentrum im Landesinneren. Jene, die durchkamen, wurden an die serbische Grenze gefahren. So oder so, ein lukratives Businessmodell.

In der Nähe der Grenze ließ man sie im bewaldeten Gelände wieder aus. Bis nach Dimitrovgrad auf der serbischen Seite waren es nur wenige Kilometer. Diesmal gingen alle zusammen in der großen Gruppe und konnten die Staatsgrenze tatsächlich völlig unbehelligt überqueren. Schon nach weniger als zwei Stunden waren sie am Ziel. Freundliche Mitarbeiter einer Hilfsorganisation versorgten sie mit Essen und Getränken. Langsam gewöhnte sich Nihad an dieses Wasser mit Bläschen.

Bei der Polizei füllten sie Formulare aus und bekamen jeder einen Zettel, den keiner lesen konnte. Die Ehepaare wurden von den Helfern nach Belgrad gebracht, die allein reisenden Männer wurden sofort von Einheimischen angesprochen, die ihre Autos als Sammeltaxi zu einem leistbaren Preis anboten. Nihad ging vorher noch in ein Café, wo schon andere Migranten saßen. Dort gab es WLAN, aber man musste etwas konsumieren und so bestellte er Tee. Er meldete sich kurz bei seiner Frau und fuhr schon bald darauf mit vier weiteren Männern dicht gedrängt in einem Pkw nach Belgrad. Unglaublich, dachte er bei sich, wie viele Menschen in jedem Land an mir und meinen Mitreisenden Geld verdienen.

Belgrad gefiel ihm. Rund um den Bahnhof hörte er sehr viel Arabisch und auch ein wenig Kurdisch reden. Es war geschäftig und laut wie bei ihnen in den Städten, und trotzdem so, wie er sich Europa vorgestellt hatte. Er ging zum vereinbarten Treffpunkt und fand den Schlepper. Der eröffnete ihm, dass er noch Geld aufzahlen musste, denn die Grenzkontrollen nach Kroatien waren verschärft worden und die Schlepper mussten ihre Kunden nun in umgebauten Fahrzeugen weitertransportieren, was den Preis erhöhte. Damit hatte Nihad nicht gerechnet. Dreihundert Euro mehr, wie sollte er das aufbringen? Er hatte alles sehr knapp kalkuliert und es gerade so geschafft, die Reisekosten aufzubringen. Er wusste aber, dass es nichts nützte, nach einem billigeren Angebot zu suchen, denn er hatte das Geld ja schon in Istanbul hinterlegt und würde es nicht zurückbekommen.

So verbrachte er mehrere Wochen in dem Aufnahmelager bei Belgrad und grübelte. Seinen Schlepper kontaktierte er immer wieder und bat um eine billigere Möglichkeit oder um spätere Zahlung, aber der Mann war unerbittlich.

Nihad schrieb seinem Neffen und fragte, ob der ihm das Geld borgen würde, aber dieser undankbare Nichtsnutz behauptete, so viel Geld hätte er nicht. Nihad redete auch mit seiner Frau, aber die schimpfte nur, dass sie das Ganze für eine blöde Idee hielt und schon genug Probleme hatte, die Kinder zu ernähren. Er hingegen treibe sich der Welt herum, statt zu arbeiten und Geld nach Hause zu bringen wie jeder anständige Ehemann.

So vergingen mehrere Wochen. Schließlich handelte er den Schlepper auf zweihundert Euro Zusatzzahlung herunter und bedrängte seinen Neffen täglich, bis er ihm doch den Betrag mit Western Union überwies. Der Schlepper warnte ihn, je billiger die Reise, desto größer das Risiko, aber darum konnte sich Nihad nicht scheren. Es lief ohnehin schon alles aus dem Ruder, er verlor wertvolle Zeit hier in Serbien, statt in Deutschland Geld zu verdienen.

Am festgesetzten Tag sollte er im Morgengrauen an einem bestimmten Parkplatz warten. »Bring warme Decken mit«, mahnte ihn der Schlepper, doch er schlug das in den Wind. Erstens war Sommer und zweitens hatte er keine Decken. Woher sollte er die denn nehmen? Beim Anblick des Kühlwagens bereute er es allerdings, nicht wenigstens sein Bettzeug aus dem Heim herausgeschmuggelt zu haben. Er und vier andere Iraker stiegen ein und wurden sozusagen mit Obstkisten zugemauert, sodass man die Männer beim Öffnen des Wagens nicht sehen konnte.

Es war unglaublich kalt und Nihad fror schon nach einer halben Stunde so erbärmlich, dass seine Zähne klapperten. Drei der Männer hatten Decken dabei, aber auch ihnen war kalt. Da beschlossen sie, zusammenzurücken und die Decken über sich zu breiten um einander zu wärmen. So verbrachten sie viele Stunden aneinander gelehnt, schliefen auch zwischendurch ein.

Der Wagen blieb mehrmals stehen, wohl an Grenzübergängen. Einmal wurde er kurz geöffnet und sie hielten den Atem an, aber die Kontrolle verlief folgenlos und sie fuhren viele Stunden weiter, zitternd und frierend.

Irgendwann merkte Nihad, dass er kaum noch atmen konnte und hörte, dass auch die anderen nach Luft rangen. Sehen konnte man ja nichts. Sie waren dabei zu ersticken und begannen, an die Kisten zu schlagen. »Schreien sollten wir aber nicht«, sagte einer, »das verbraucht noch mehr Luft.«

Als sie merkten, dass der Wagen langsamer wurde und hielt, verdoppelten sie ihre Anstrengungen. Sie hörten draußen Geschrei, dann Sirenen und schließlich wurde die Tür aufgerissen und Licht blendete sie. Die Männer riefen »Help!« und wurden schließlich von Polizisten und Rettungsleuten geborgen und ins Krankenhaus gebracht. Später erfuhr Nihad, dass sie in Österreich waren und dass ihr verzweifeltes Klopfen einigen Leuten an einer Tankstelle aufgefallen war. Die hatten den Wagen blockiert, um ihn an der Weiterfahrt zu hindern, und die Polizei gerufen.

Nihad hatte vor allem an den Füßen schwere Erfrierungen. Die Ärzte bemühten sich sehr um ihn, mussten ihm aber letztlich drei Zehen amputieren. Seine Beine waren verfärbt und geschwollen und taten ihm weh. Er passte in keine Schuhe und konnte kaum gehen. Dass er Diabetiker war, komplizierte den Heilungsverlauf noch weiter. Als er das Krankenhaus nach mehreren Wochen verließ, fühlte er sich wie ein Wrack. Er wurde in ein Asylheim gebracht, stellte einen Asylantrag und harrte der Zukunft. Seine Frau war gleichzeitig besorgt und wütend. Er konnte es ihr nicht verdenken. Seit seine Brüder begriffen hatten, dass von ihm so bald kein Geld aus Europa zu erwarten war, waren sie seiner Frau gegenüber viel weniger hilfsbereit als vorher. Auch sie hatten finanzielle Sorgen und ihre eigenen Familien gingen vor.

Jetzt hoffte Nihad auf Asyl in Österreich, aber der Rechtsanwalt machte ihm wenig Hoffnung. Mit Glück würde er aus medizinischen Gründen subsidiären Schutz bekommen. Nihad verstand mittlerweile ein bisschen was von Asylverfahren und Aufenthaltserlaubnis. Er wusste nun, dass er nicht einfach dableiben und arbeiten konnte, wie er sich das vorgestellt hatte.

Wie lange würde das dauern und wann konnte er seine Familie nachholen, fragte Nihad besorgt, doch die Antworten gefielen ihm gar nicht. Das Asylverfahren konnte ein, zwei Jahre, sogar mehr in Anspruch nehmen, sagte der Anwalt. Erst wenn er Schutzstatus bekam – was allerdings nicht sicher war – könnte er einen Antrag auf Familienzusammenführung stellen. Auch das würde im besten Fall ein Jahr dauern, wahrscheinlich länger.

Danach würde auch der Familiennachzug einige Zeit in Anspruch nehmen. Zunächst musste die Behörde die Erlaubnis zu ihrer Einreise erteilen, das dauerte. Manchmal verlangten sie zuvor noch einen DNA-Test von Kindern, wenn sie Zweifel an der Blutsverwandtschaft hatten. Nihad raufte sich die Haare. Er wusste gar nicht, ob es in Dohuk eine Möglichkeit gab, einen DNA-Test durchzuführen. Wenn alles genehmigt war, würden Nihads Frau und Kinder in die Regionshauptstadt Erbil fahren, um die Reisedokumente besorgen. Anschließend müsste Nihad die Reise buchen und aus eigener Tasche bezahlen.

Der Rechtsanwalt fragte nach dem Alter der Kinder und Nihad rechnete nach: »Zehn, sechzehn und siebzehn.« Da machte der Rechtsanwalt ein besorgtes Gesicht. »Das wird knapp für die beiden älteren Kinder«, sagte er. »Wenn sie zum Zeitpunkt des Antrages schon volljährig sind, kommen sie für einen Familiennachzug nicht mehr infrage«, erklärte er.

Nihad schwirrte der Kopf. Er war hier in Österreich und krank, die Familie dort und ungeduldig. Die Zeit lief ihnen davon. Er hatte kein Geld, um die Frau und die Kinder per

Schlepper nachzuholen, und das war auch viel zu gefährlich. Er konnte weder vor noch zurück und fürchtete sich vor dem nächsten Anruf seiner Frau. Er würde sie hinhalten müssen. Den Mut, ihr das ganze Ausmaß der bürokratischen Komplikationen zu beichten, hatte er nicht. Im Moment verliefen alle ihre Gespräche unangenehm. Sie weinte immer ins Telefon und machte ihm Vorwürfe, dass er sie nicht endlich nachholte und auch kein Geld schickte. »Ich darf hier noch nicht arbeiten und das mit dem Nachzug dauert seine Zeit.« Seine Erklärungen darüber, wie schwierig alles hier war, klangen selbst in seinen Ohren wie faule Ausreden, auch wenn sie doch der Wirklichkeit entsprachen.

In der Stadt, in der sein Asylheim lag, gab es eine Imbissbude, die einem türkischen Kurden gehörte. Obwohl Nihad keine Arbeitserlaubnis hatte und auch körperlich kaum in der Lage war zu arbeiten, brauchte er Geld für seine Familie und lag dem Besitzer immer wieder in den Ohren, ob er nicht Arbeit hätte. Es war ein kleiner Laden, den der Mann mit seiner Gattin betrieb. Nihad wusste, dass sie sich gar kein Personal leisten konnten und ihm nur aus Mitleid ab und zu Arbeit gaben. Zu Stoßzeiten, an Samstagen zum Beispiel, ließen sie ihn Geschirr waschen. Nihad konnte sich nur mit Mühe auf seinen schmerzenden Beinen halten, aber was blieb ihm anderes übrig?

Seine Frau verstand nicht, unter welchen Demütigungen und Schmerzen er dieses Geld verdiente. Sie beschwerte sich immer nur, dass es viel zu wenig war, um die Familie durchzubringen, und hielt ihm Faulheit vor. Wer konnte es ihr verübeln? Als er selbst noch im Irak war, hatte er doch auch geglaubt, dass Geldverdienen in Europa gar kein Problem sein konnte.

Nach fast zwei Jahren wurde Nihads Asylantrag abgelehnt. Aber wie es sein Rechtsanwalt erwartet hatte, bekam er eine Aufenthaltsgenehmigung als subsidiär Schutzberechtigter. Er stellte sofort einen Antrag auf Familienzusammenführung, denn der 18. Geburtstag seiner Tochter stand knapp bevor. Der erstgeborene Sohn war schon neunzehn Jahre alt, ihn konnte er also nicht nachholen. Als er das seiner Frau eingestehen musste, brach sie weinend zusammen. Wie konnte sie ihren Sohn zurücklassen? Er hatte doch keine Arbeit und keine Aussicht auf einen Job. Was sollte er allein in Kurdistan? Sie schluchzte und schrie und war nicht mehr zu beruhigen.

Es bedurfte vieler weiterer Anrufe, bis er vernünftig mit ihr sprechen konnte. Die Frage »Wann können wir also kommen?« hatte Nihad gefürchtet. Denn nun musste er ihr erklären, dass er eben erst den Antrag gestellt hatte und dass es noch viele Hürden gab. »Immerhin jetzt habe ich die richtigen Papiere und kann mir eine Arbeit suchen und regelmäßig Geld heimschicken«, sagte er und das beruhigte sie ein wenig.

Dass es am Arbeitsamt nicht gut gelaufen war, wollte er ihr nicht sagen. Die Beamtin hatte sich nach seinen Deutschkenntnissen und seinen beruflichen Qualifikationen erkundigt. Mit beidem konnte er nicht richtig dienen. Er hatte erst einige Worte Deutsch aufgeschnappt, der Kurs war ihm sehr schwergefallen. Jetzt, da er wenigstens wusste, dass er in Österreich bleiben durfte, würde er sich vielleicht besser auf den Unterricht konzentrieren können. Wenigstens hoffte er das.

Einen richtigen Beruf hatte Nihad nie erlernt. Er hatte sich immer darauf verlassen, dass er fleißig und kräftig war. In Dohuk hatte sich immer irgendein Job gefunden, aber hier war das anders. Ständig verlangten sie Diplome und Zeugnisse. Man musste sogar für viele einfache Tätigkeiten mit dem Computer umgehen können und Deutsch sprechen. Wie sollte er das bloß alles schaffen?

Die meisten anspruchslosen Tätigkeiten wie Hilfsarbeiten am Bau und in der Industrie erforderten langes Stehen oder

Gehen, das schaffte er in seinem Zustand nicht. Für sitzende Tätigkeiten fehlten ihm die Voraussetzungen. Immer wieder ging er hoffnungsvoll zum Arbeitsamt und kam stets enttäuscht zurück. Sie konnten ihm nichts anbieten, was für ihn in seiner körperlichen Verfassung infrage kam. Er versuchte sich als Gehilfe in einer Großbäckerei, aber schon nach zwei Wochen musste er aufgeben. Seine Beine machten nicht mit.

Er wusste, dass er den Leuten schon lästig fiel, aber trotzdem fragte er jeden, den er kannte, um Arbeit, bis ihm eines Tages ein Sozialarbeiter etwas Passendes anbot. In der Altkleidersammelstelle einer Hilfsorganisation wurden Leute gesucht, die die Kleiderspenden sortierten. Die meiste Arbeit konnte man im Sitzen erledigen. Nihad war überglücklich, das würde er bewältigen. Der Job war nicht eben gut bezahlt und er musste von der kleinen Summe seinen Alltag bestreiten, Geld heimschicken, aber auch für die Familienzusammenführung sparen. Doch immerhin war er einen Schritt weitergekommen. Er brauchte für sich nicht viel, er lebte sehr bescheiden. Der langersehnte europäische Wohlstand war ihm nicht vergönnt, das hatte er verstanden. Immerhin wurde sein Deutsch besser, weil er sich mit den Kolleginnen und Kollegen verständigen musste.

Die Telefonate mit seiner Frau waren nun entspannter und sie begannen zu hoffen, dass alles gut werden würde. Sie brauchten Geduld und Zuversicht, das war gratis zu haben. Dann benötigten sie noch viel Geld für die Reise, eine neue Wohnung und ein neues Leben, und dafür rackerte sich Nihad tagein, tagaus ab. Wenn er es schaffen würde, seine Familie nach Europa zu bringen und anständig zu versorgen, war sein langer Leidensweg wenigstens nicht ganz umsonst gewesen.

GRACE AUS NIGERIA

MIT SCHWARZER MAGIE
IN DIE PROSTITUTION GEZWUNGEN

Wenn Grace die Flugzeuge über ihrem Kopf brummen hörte, blickte sie immer sehnsuchtsvoll auf. Wie gern würde sie doch in so einem Metallvogel sitzen und ihr Leben in Benin City hinter sich lassen. Grace war siebzehn und hatte bis vor Kurzem ein normales Leben geführt, war in die Schule gegangen und hatte sich mit ihren Freundinnen getroffen. Doch als ihr Vater vor einigen Monaten starb, änderte sich alles auf einen Schlag. Die Stiefmutter konnte sich das Schulgeld nicht mehr leisten, sagte sie. Sie nahm sie aus der Schule und forderte sie auf, arbeiten zu gehen und Geld heimzubringen, falls sie weiter bei ihr wohnen wollte. Für ihre beiden Halbgeschwister war anscheinend genug Geld da, nur für sie, die Vollwaise, nicht.

So ging sie also im besseren Viertel der Stadt putzen, tagein, tagaus. Wenn sie ihre Altersgenossinnen in Schuluniform vorbeigehen sah, war ihr jedes Mal zum Weinen zumute. Ihr Vater hatte ihr immer geraten, einen guten Beruf zu erlernen und etwas aus ihrem Leben zu machen. Buchhalterin hatte sie werden wollen, sie liebte Zahlen und Statistiken. Grace mochte es, wenn alles seine Ordnung hatte und berechenbar war. Darum war sie wohl auch eine gründliche Putzfrau, aber es machte ihr keinen Spaß. Das war nicht das Leben, das sie und ihr Vater sich für sie gewünscht hatten.

Bei einer ihrer Arbeitgeberinnen lernte sie Madame Caroline kennen, eine elegante Nigerianerin, die aus Europa zu Besuch war. Sie war sehr freundlich zu Grace und erkundigte sich so eingehend und mit so viel Anteilnahme nach ihren Lebensverhältnissen, dass vor einigen Tagen alles aus ihr herausgebrochen war. Sie schüttete dieser netten Dame ihr Herz aus: dass sie eigentlich einen ordentlichen Beruf haben wollte, dass sie reisen und etwas aus ihrem Leben machen wollte, statt zu putzen. Daraufhin lächelte Madame Caroline und tröstete sie. Sie könne Grace helfen, und das würde sie gerne tun. Sie habe eine Fabrik in der Schweiz und könne eine so engagierte junge Frau wie Grace als Managerin gut gebrauchen. Ob sie wohl Interesse hätte?

Weil es aber so viele neidische Menschen auf der Welt gab, sollte Grace niemandem etwas davon erzählen, nicht einmal ihrer Arbeitgeberin und Madame Carolines Freundin. Es sei ihrer beider Geheimnis.

Die Reise nach Europa ist lang und wir müssen alles gründlich vorbereiten und einen Vertrag abschließen, sagte Madame Caroline und bestellte sie für den nächsten Tag zu einer Adresse am anderen Ende der Stadt. Grace hatte oft Geschichten von Mädchen gehört, die auf Betrüger hereingefallen waren und als Prostituierte geendet hatten, und sie war froh, dass ihr das nicht passieren würde. Madame Caroline war eine richtige Dame, weltgewandt und reich, das konnte man an ihrer Kleidung sehen. Eine wie sie hatte mit Prostitution nichts zu tun.

Grace hatte eine Art Büro erwartet, doch als sie ankam, fand sie sich im Haus eines Juju-Priesters wieder. Madame Caroline wartete schon auf sie und lächelte sie an. »Du musst verstehen, so eine Reise kostet viel Geld«, sagte sie. »Ich werde dreißigtausend dafür vorstrecken, das musst du mir natürlich von dem vielen Geld, das du in Europa verdienen wirst, zurückzahlen. Wir müssen daher einen Vertrag abschließen und du musst einen Eid schwören.« Die Summe von dreißigtausend schreckte Grace nicht. Dreißigtausend Naira (etwa fünfundsiebzig Euro) konnte sie leicht zurückzahlen, denn sie war fleißig und sparsam. Und mit einem Managergehalt sollte das überhaupt kein Problem sein.

Grace kam aus einem Haus, wo man Juju (eine in Westafrika praktizierte Mischung aus Naturreligion und schwarzer Magie) eigentlich ablehnte, aber dass man Verträge in ihrer Heimat oft durch einen Juju-Eid besiegelte, wusste sie und hatte nichts dagegen einzuwenden. Es bewies ihr nur, dass Madame Caroline es ernst meinte.

Nun war der Priester an der Reihe. Er sagte, dass sie nun eine bindende Verpflichtung eingehen würde. Sollte sie ihren Eid brechen, könnte er ihr Krankheit, Wahnsinn und Tod schicken. Dazu brauchte er etwas von ihrem Körper. Sie musste ihren Slip hergeben und man schnitt ihr einige Achsel- und Schamhaare ab. Dann bekam sie einen Trunk. »Jetzt ist der Schwur für alle Zeiten gültig«, sagte der Priester und Madame Caroline lächelte zufrieden. In wenigen Tagen würden sie abreisen, aber bis dahin durfte sie niemandem etwas sagen, nicht einmal ihrer besten Freundin, schärfte Madame ihr noch einmal ein.

Schon als Grace am vereinbarten Tag zum Treffpunkt kam, wunderte sie sich. Es war kein Flughafentaxi, das auf sie wartete, sondern ein Bus mit rund zwanzig Mädchen und Madame Caroline. Als Grace fragte, wer diese Mädchen seien, antwortete Madame, sie brauche nun einmal Arbeitskräfte für ihre Fabrik und nigerianische Mädchen seien viel arbeitsamer als die verwöhnten Europäerinnen. Das leuchtete Grace ein.

Sie war allerdings enttäuscht, als sie merkte, dass sie nicht nach Europa fliegen würde, sondern dass man im Bus weiter Richtung Niger fuhr. Bis Agadez verlief die Reise ereignislos. In der Wüstenstadt schliefen sie in einer großen Halle und wurden am nächsten Morgen von einem Lastwagen abgeholt. Grace wundert sich, dass neben dem Fahrer auch bewaffnete

Männer mitfuhren, aber Madame Caroline erklärte, man würde ab jetzt durch die Wüste fahren, und das sei nun einmal gefährlich. Auf der überfüllten Ladefläche war es heiß und eng und man gab ihnen bis zum Abend kein Wasser. Entlang des Weges sah Grace immer wieder Leichen im Sand liegen, die teilweise schon skelettiert waren. Sie war geschockt, so etwas hatte sie noch nie gesehen.

An der nächsten Station, in Dirkou, änderte sich alles schlagartig. Madame Caroline brachte ihre Mädchen zu einem Nachtklub und schickte sie »zum Abendessen« hinein. In Wirklichkeit warteten Männer schon auf den »Nachschub«, sie schlugen und vergewaltigten die Mädchen, von denen einige, wie Grace, noch Jungfrauen waren. Madame Caroline holte sie erst nach vielen Stunden ab und kassierte Geld von den Männern. Die Mädchen waren verletzt, geschockt und in Tränen aufgelöst, doch Madame schrie sie an: »Wollt ihr etwa gratis reisen? Ihr habt einen Eid geleistet und müsst nun eure Schuld abarbeiten.«

Ein Mädchen schluchzte: »Sie haben mich angelogen, Sie haben gesagt, ich muss nicht als Prostituierte arbeiten«, worauf Madame Caroline sie so hart ins Gesicht schlug, dass ihre Nase blutete. Niemand sonst wagte noch ein Widerwort. Sie waren mitten in der Wüste, in einem fremden Land, ohne Geld, ohne Papiere. Was konnten sie tun?

So ging es weiter bis Tripoli: Lange Fahrten durch die Wüste, Sexarbeit in den Oasen. Die Freier waren dreckig und verschwitzt und gingen brutal mit ihnen um. Je mehr Schmerz und Angst die unerfahrenen Mädchen zeigten, desto grausamer wurden die Männer. Die Mädchen begriffen, dass Madame Caroline überall entlang der Route bekannt war. Weglaufen hatte keinen Sinn, wohin auch?

In einem der Orte wurden sie in einem aufgelassenen Gebäude untergebracht, wo es als Mobiliar nur Schaumstoffmatratzen gab. Grace und die anderen Mädchen hatten furchtbare Angst vor Ansteckungen oder einer Schwangerschaft, aber Madame Caroline wollte nichts davon hören. Da kratzten sie Schaumstoffstückchen aus einer der Matratzen, formten sie zu kleinen Kügelchen und kochten diese in Wasser aus. Das führten sie ein, um irgendeine Art von Schutz zu haben. Das tat zwar weh, aber sie fühlten sich damit doch ein wenig sicherer.

Nach einer besonders brutalen Vergewaltigung lag eines der Mädchen am Morgen tot da. Madame Caroline ließ sie wegbringen und kommentierte den Vorfall nicht einmal. Einige andere hatten heftige Blutungen und Schmerzen, doch Madame machte ihnen Vorwürfe wegen der Scherereien und des Verdienstentfalls.

Grace war verzweifelt. Sie konnte vor Schmerzen kaum gehen und fühlte sich schmutzig und hilflos. Aber sie wusste sich keinen anderen Rat als Madame Caroline weiter zu folgen. Es führte kein Weg zurück in ihr altes Leben.

In Tripolis verkaufte Madame drei Mädchen an eine Frau. Die anderen verteilte sie auf verschiedene Bordelle, wo sie arbeiten sollten, bis ein Boot bereit war. »Bildet euch ja nicht ein, dass ihr flüchten könnt!«, schärfte sie ihnen ein. »Ich habe gute Verbindungen und werde euch immer finden, egal wohin ihr geht. Ich bin eine einflussreiche Frau.«

Nach mehreren Monaten wurde Grace eines Abends an die Küste gebracht, wo ein Schlauchboot bereit lag. Madame war wieder da und teilte den rund fünfzehn Mädchen ihre Sitzplätze so zu, sodass sie nicht miteinander reden konnten. Schon zuvor hatte sie ihnen eingeschärft: »Prostitution ist in Italien verboten. Wenn ihr sagt, dass ihr Prostituierte seid, kommt ihr ins Gefängnis. Wenn ihr sagt, dass ihr in einer Gruppe gekommen seid, wissen sie Bescheid und ihr kommt auch ins Gefängnis. Sagt also, dass ihr alleine reist. Ich hole euch drüben ab. Versucht nicht zu flüchten, ich finde euch auch in Europa!«

Als das übervoll besetzte Boot losfuhr, betete Grace, um nicht vor Angst verrückt zu werden. Viele wurden seekrank und erbrachen sich. Man musste in die Hose machen, einen anderen Weg gab es nicht, weil das Boot so überfüllt war, dass niemand aufstehen konnte. Am zweiten Tag erlitt eines der Mädchen eine Fehlgeburt. Sie blutete und schrie vor Schmerzen. Inzwischen war der Treibstoff ausgegangen und sie trieben ziellos auf dem Wasser, zum Glück war die See ruhig.

Erst nach vier Tagen wurden sie von einem Rettungsschiff entdeckt. Man legte ihnen Schwimmwesten an und holte sie an Bord. Sie mussten sich alle an der Reling hochziehen, weil sie sich nach Tagen des Sitzens kaum auf den Beinen halten konnten. Doch immerhin waren alle noch am Leben.

Die Geretteten wurden nach Lampedusa gebracht und Grace weinte, als sie endlich duschen durfte und saubere Kleidung bekam. Schon nach einem Tag wurden die Neuankömmlinge aufs Festland gebracht und auf verschiedene Aufnahmelager verteilt. Grace sah keines von Madame Carolines Mädchen mehr und schöpfte Hoffnung. Sie war in einem neuen Land und würde ganz neu anfangen. Die schrecklichen Erinnerungen an Niger und Libyen wollte sie aus ihrem Gedächtnis verbannen.

Grace stellte einen Asylantrag, doch sie verstand kaum, was das war. Sie wusste nur, dass sie nicht in Europa bleiben konnte, wenn sie keine positive Antwort bekam. Sie hatte große Angst davor, zurückgeschickt zu werden, denn in Benin City würde Madame Caroline sie sicher finden. Das hatte sie den Mädchen oft genug angedroht.

So vergingen fast drei Monate. Grace lebte in dem Aufnahmezentrum, ging manchmal spazieren, freundete sich mit einigen Landsleuten aus Nigeria an und ging sonntags in die Kirche, die alle Nigerianer besuchten. Allmählich verlor sie ihre Angst und wurde ruhiger. Zum Zeitvertreib widmete sie sich ihrem Hobby. Sie flocht den anderen Afrikanerinnen die Haare und zauberte die kompliziertesten und originellsten Zopfkreationen auf ihre Köpfe. Mal schwarz, mal bunt und mit Perlen. Erstmals erlaubte sie sich, Zukunftspläne zu machen und von einem kleinen Frisiersalon am Stadtrand zu träumen.

Das änderte sich schlagartig, als eine Mitbewohnerin ihr eines Tages ihr Mobiltelefon hinhielt und sagte: »Anruf für dich.« Verwundert nahm sie das Telefon entgegen und vernahm die Stimme von Madame Caroline: »Hab ich dich endlich gefunden. Du weißt, dass du mir viel Geld schuldest. Das musst du abarbeiten, du hast einen Schwur geleistet.« Grace bekam den Auftrag, ihre Habseligkeiten zusammenzupacken. Ein Mann würde sie in zwei Stunden abholen.

Grace war wie vor den Kopf gestoßen. Gerade erst hatten ihr Körper und ihre Seele den Heilungsprozess begonnen. Sie hatte gewagt, sich wieder wie das brave junge Mädchen zu fühlen, das sie war, und jetzt tat sich ein Abgrund vor ihr auf. Was sollte sie tun, wohin sich wenden? Wenn Madame Caroline sie sogar hier gefunden hatte, war Grace nirgendwo vor ihr sicher. Sie hatte keine Wahl, als dem Befehl Folge zu leisten.

Einen Tag später war sie in Florenz, wo Madame Caroline ein »Haus« mit rund zwanzig Mädchen führte. Die Männer kamen, nahmen sich die Mädchen und bezahlten Caroline. Die Mädchen selbst bekamen nie einen Euro zu sehen. Wer sich auflehnte, wurde von den Türstehern geschlagen. Grace hatte am Anfang ein paarmal protestiert und hatte Schläge davongetragen, nie ins Gesicht, das war nicht gut fürs Geschäft, doch ihr Rücken und ihre Beine waren mittlerweile von Narben übersät.

Einmal hatte sie versucht, sich die Pulsadern aufzuschneiden, aber sie hatte nicht tief genug geschnitten und wurde entdeckt und auch noch bestraft. Nach und nach gab Grace jeden Widerstand auf. Sie gab sich selbst die Schuld an ihrem Unglück. Wie hatte sie nur so dumm sein können! Sie hatte doch gewusst, dass viele Mädchen aus Benin City von Frauen wie Madame Caroline in die Zwangsprostitution gelockt wurden. Wieso hatte sie das nicht durchschaut, wieso nur hatte sie ihr geglaubt?

Den Mädchen um sie herum erging es nicht besser. Eine junge Frau lief davon, und einige Wochen später erzählte Madame Caroline, dass sie gestorben war. »Seht ihr, das war die Strafe, weil sie den Eid gebrochen hat. Ich hab's euch immer gesagt. Wer mich betrügt, wird es büßen.«

Im Laufe der Monate waren zwei Mädchen verrückt geworden. Eine sah ständig Dämonen und schrie und schlug um sich, bis sie eines Tages verschwand. Die andere weinte tagelang, konnte keine Nahrung behalten und wurde immer dünner. Auch sie war eines Morgens nicht mehr da. »Da seht ihr es«, sagte Madame jedes Mal. »Sie wollten mir Geld unterschlagen und sind dafür bestraft worden.« Diese Vorfälle verfehlten ihre Wirkung nicht, alle wurden stiller und gefügiger.

Auch Grace ergab sich völlig ihrem Schicksal. Als sie keinerlei Widerstand mehr leistete, wurde es noch schlimmer. Madame setzte immer einige der Mädchen auf dem Straßenstrich ein. Es waren jene, die nicht aufbegehrten und bei denen sie nicht fürchten musste, dass sie davonlaufen könnten. Irgendwann eröffnete sie Grace, dass es nun auch für sie an der Zeit war, außer Haus Geld zu verdienen.

Grace musste sich an einer Ausfallstraße anbieten und bediente die Männer im Gebüsch oder im Auto. Unter ihren Kunden gab es viele Fernfahrer, die wenigstens Schlafkojen zur Verfügung hatten. Sie schämte sich für das, was sie tat, und betete jeden Tag um Vergebung. Gott sei Dank waren ihre beiden Eltern tot und würden nie erfahren müssen, wie tief ihre Tochter gesunken war.

Hier draußen war die Arbeit gefährlicher als im Haus. Die Freier waren brutaler, schlugen manchmal zu. Manchmal zahlten sie einfach nicht, und Grace wagte es nicht, ins Haus zurückzukommen, bevor sie genug Geld eingenommen hatte, denn mit weniger als 200 Euro brauchte sie gar nicht erst aufzutauchen. An Schlechtwettertagen war es besonders schlimm. Da gab es keine Kunden und sie fror erbärmlich in ihren Shorts und ihrem kleinen Oberteil.

Einen einzigen Vorteil hatte der Straßenstrich. Grace bekam Geld in die Hand. Es war nicht leicht, etwas abzuzweigen und zu verstecken, denn Madame Caroline und ihre Leute kannten alle Tricks. Aber Grace hatte in ihrer Handtasche eine Art doppelten Boden konstruiert, der nur bei genauem Hinsehen entdeckt werden konnte. Da versteckte sie ab und zu einen Geldschein und konnte sich zu ihrem zwanzigsten Geburtstag einen lang gehegten Wunsch erfüllen, ein Smartphone.

In unbewachten Momenten konnte Grace nun in sozialen Netzwerken surfen und sich Nachrichten aus der Heimat ansehen. Eines Tages entdeckt sie einen Artikel, der ihr Herz schneller schlagen ließ. Seine Majestät Oba Ewuare II., der Herrscher ihrer Heimatprovinz, des Königreichs von Benin, hatte im März 2018 alle Juju-Schwüre für ungültig erklärt, die je zum Zweck des Menschenhandels geschlossen worden waren. Er rief alle Opfer auf, aus der Zwangsprostitution auszusteigen und Hilfe zu suchen. Von nun an würden alle Juju-Priester mit einem Fluch belegt, die solch Zeremonien durchführten. Die Schwüre würden sich ab nun automatisch gegen die Menschenhändler kehren, nicht gegen deren Opfer.

Grace konnte erst nicht glauben, was sie da las. Stimmte das?

Konnte sie sich tatsächlich selbst aus ihrer Lage befreien, musste sie keine Angst mehr haben? Diesmal wollte sie nichts überstürzen. Sie wollte alles gut überlegen und das Richtige tun.

In den nächsten Tagen suchte sie im Netz weiter nach Hinweisen, dass es sich nicht um eine Falschmeldung gehandelt hatte, und fand Artikel und Fotos. Sollte sie zur Polizei gehen? Nein, unmöglich. Madame Caroline hatte so oft bewiesen, wie gut sie vernetzt war. Schließlich hatte sie Grace sogar in dem Aufnahmelager weit weg von Florenz ausfindig gemacht und holen lassen. Schwur hin oder her, in Italien würde sie sich nie sicher fühlen. Sie musste weg. Aber wie und wohin?

Wieder suchte Grace im Netz nach Organisationen, die Frauen wie ihr halfen, und fand einige Kontakte in Deutschland. Einige Tage zögerte sie noch, doch dann fasste sie Mut und rief bei einer der Nummern an. Die Frau am anderen Ende war Nigerianerin und sie sprach sanft und freundlich. Sie wusste genau, wie Grace sich fühlte. »Mir ist es auch so ergangen, aber ich habe es geschafft und ich bin nicht die Einzige. Ich sage dir, dass du das auch kannst, Grace, du musst an dich glauben!« Schon lange hatte niemand mehr so warmherzig und mitfühlend mit ihr gesprochen und Grace begann vor Erleichterung haltlos zu weinen.

Die Frau sprach beruhigend auf sie ein, bis Grace in der Lage war, ihre Situation zu schildern. Die freundliche Frau am anderen Ende der Leitung fragte, ob Grace irgendwie nach Deutschland kommen könnte, dann würde sie ihr helfen. Wenn nicht, könnte sie ihr Nummern von Hilfsorganisationen in Italien geben. Das aber wollte Grace nicht. In Italien hatte sie zu viel Angst vor Madame Caroline und ihrem Spinnennetz.

Die beiden Frauen einigten sich darauf, dass Grace noch ein paar Tage nachdenken und sich dann melden würde. »Thank you, thank you, thank you! Gott segne Sie«, rief sie zum Abschied immer und immer wieder ins Telefon, so erleichtert war sie.

Nun war es wichtig, sich nicht zu verraten, denn Madame Caroline war wachsam und misstrauisch. Es war schon mehrmals vorgekommen, dass sie bei einem der Mädchen einen Stimmungswechsel wahrgenommen hatte. Manchmal verliebten sich die Mädchen in einen der Freier oder sie trafen Vorbereitungen, um auszubrechen. Dann griff sie gnadenlos durch, bestrafte die Mädchen und ließ sie nicht mehr aus dem Haus. Das durfte auf keinen Fall geschehen. Also versuchte Grace, sich nichts anmerken zu lassen. Sie arbeitete viel, lieferte das Geld wie gewohnt ab und ging Madame Caroline nicht mehr aus dem Weg als sonst.

Grace hatte einige Fernfahrer unter ihren Stammkunden und hoffte auf eine Gelegenheit, mit einem von ihnen mitzufahren. Sie ging alle Möglichkeiten im Kopf durch. Jetzt trug sie stets all ihr beiseitegeschafftes Geld bei sich, in der Handtasche unter dem Futter versteckt. Auch legte sie eine klein zusammengerollte Leggings in die Tasche, die sie gegen die verhasste »Arbeitsshort« austauschen konnte.

Diesmal wollte sie nichts überstürzen und keine Fehler machen. Zu gefährlich war es, mit einem x-beliebigen Fernfahrer mitzufahren. Es musste ein Mann sein, dem sie vertrauen konnte. Erst nach rund zwei Wochen kam ein deutscher Fahrer vorbei, den sie bereits kannte und ganz nett fand. Vor ihm fürchtete sie sich nicht. Er nahm ihre Dienste in Anspruch, wie er es schon oft getan hatte, doch als er bezahlen wollte, rückte sie mir ihrem Anliegen heraus. Ob er sie bitte nach Deutschland mitnehmen könne, sie wolle dort eine Schwester besuchen. Dass sie vor einem Menschenhändlernetzwerk flüchten wollte, sollte er besser nicht wissen.

Er war etwas erstaunt, dass sie so ohne Gepäck und spontan

mitfahren wollte, doch er hatte nichts dagegen, freute sich sogar über die Gesellschaft und die Dienstleistungen, die sie ihm anbot. An den Grenzen versteckte er sie zur Sicherheit in seiner Schlafkoje unter einer Decke und Graces Herz schlug wie wild vor Angst und Aufregung. Sie hatten Glück, der Wagen wurde nicht kontrolliert und sie konnte bis München mitfahren.

Da sie spätabends angekommen waren, spazierte Grace durch die Straßen, bis sie am nächsten Morgen endlich in der NGO anrufen konnte. Zu ihrer Enttäuschung meldete sich eine andere Frauenstimme, doch als Grace ihren Namen nannte, wusste die Frau Bescheid. Sie gratulierte ihr, dass sie es nach Deutschland geschafft hatte und erklärte ihr, wie sie per Bus nach Köln kommen konnte. Auch schickte sie ihr eine SMS mit der Adresse und einer Handynummer, damit sie sich nach der Ankunft melden konnte, egal zu welcher Uhrzeit.

Grace fand zum Bus, kaufte eine Fahrkarte und setzte sich ganz hinten hin. Nur nicht auffallen. In den Pausen wagte sie nicht, auszusteigen, obwohl sie großen Hunger hatte. Was, wenn der Bus ohne sie weiterfuhr, was wenn ein Polizist sie nach ihren Papieren fragte?

Doch auch diesmal ging alles nach Plan. Sie kam an, wurde von den NGO-Aktivistinnen willkommen geheißen und in ein Notquartier gebracht. Die ersten zwei, drei Tage vergingen wie im Nebel, ausruhen, durchatmen, weinen. Eine Anwältin beriet sie und erklärte ihr die gesamte Prozedur. Dann begleitete man sie zum Asylamt, wo sie ihren Antrag stellen sollte. Grace hatte Angst, nach Italien zurückgeschickt zu werden, denn dort hatte man ja ihre Fingerabdrücke, und sie wusste, dass sie Italien eigentlich nicht verlassen hätte dürfen. Auch in Nigeria wäre sie vor Madame Caroline nicht sicher.

Die Anwältin sagte, dass diese Möglichkeit bestehe, deshalb musste sie genau erklären, was ihr die Menschenhändler angetan hatten und warum sie in Italien nicht sicher war. »Sag alles, was du weißt, auch die Namen und Adressen. Wir werden alles tun, damit du Schutz bekommst. Aber Garantie gibt es keine.«

Nun lebte Grace schon seit vielen Monaten mit dieser Unsicherheit. Würde sie hierbleiben können? Würde man sie doch noch zurückschicken, und wenn ja, wohin? Nach Italien oder nach Nigeria? Grace war fahrig und nervös. Nur das Zöpfeflechten beruhigte sie. Sie war in einem Aufnahmelager untergebracht und machte die Frisuren der anderen afrikanischen Asylwerberinnen. Ab und zu hatte sie auch »Kundinnen«, die ihr von der NGO vermittelt wurden. So lernte sie viele Frauen kennen, die in der gleichen Lage gewesen waren wie sie und schöpfte ein wenig Mut.

Einmal wurde sie sogar von einer Journalistin interviewt, die über die Opfer der Mädchenhändler schrieb. Grace ließ sich nur von hinten fotografieren und gab für den Artikel einen falschen Namen an, denn sie wollte auf keinen Fall wieder in die Fänge von Madame Caroline geraten.

Ein paar Brocken Deutsch hatte sie schon gelernt. Und jetzt hieß es warten, hoffen und beten. In die Kirchen, die von Nigerianerinnen und Nigerianer besucht wurden, ging Grace auf Anraten der NGO-Frauen allerdings nicht. Viele dieser selbsternannten Priester steckten mit den Menschenhändlern und mit Drogenringen unter einer Decke und verdienten Geld an den kriminellen Geschäften, warnte man sie. Hier wie in Nigeria beanspruchten die Prediger in den sogenannten Prosperity Kirchen zehn Prozent des Einkommens jedes Mitglieds. Dieser Tithe (Zehent) würde sicherstellen, dass Gott die Gläubigen reich machte und ihnen verzieh, wenn sie das Geld auf sündige Weise verdienten, redeten sie ihnen ein. Und die verzweifelten Mitglieder der Kongregation glaubten es und spendeten brav.

Schon zu Hause in Nigeria war Grace nicht in diese Falle

getappt und tat es auch jetzt nicht. So besuchte sie deutsche Gottesdienste und zündete dort jeden Sonntag eine Kerze an, ein Licht der Hoffnung.

FLÜCHTLINGE, ASYLWERBER, MIGRANTEN – EINE BEGRIFFSENTWIRRUNG

In der Berichterstattung der Medien wie auch in der politischen Debatte zur Migration werden Begriffe aus Unwissenheit oder aus Absicht vermischt und falsch verwendet. Dabei ist es von entscheidender Bedeutung, zwischen Flüchtlingen und Migrantinnen und Migranten zu unterscheiden, denn aus dieser Differenzierung ergeben sich gänzlich verschiedene Rechte und Pflichten für die Betroffenen sowie für die Art und Weise, wie die Aufnahmestaaten mit ihnen umgehen.

Wer Flüchtling ist, wurde 1951 in der Genfer Flüchtlingskonvention[1] festgeschrieben, die für alle Unterzeichnerstaaten rechtsverbindlich ist und in vielen Staaten, wie beispielsweise in Österreich, Verfassungsrang hat.

Laut Artikel 1 der Genfer Flüchtlingskonvention sind alle Personen als Flüchtlinge zu betrachten, die aus der begründeten Furcht vor Verfolgung wegen ihrer Rasse, Religion, Nationalität, Zugehörigkeit zu einer bestimmten (verfolgten) sozialen Gruppe oder wegen ihrer politischen Überzeugung ihr Land verlassen mussten.

Für den Anspruch einer Person auf internationalen Schutz spielt es keine Rolle, ob sie vom Herkunftsland selbst verfolgt wird, wie es in Diktaturen vorkommt, oder ob die Verfolgung von anderen Kräften ausgeht, etwa bewaffneten Milizen, und

---

1 https://www.unhcr.org/dach/wp-content/uploads/sites/27/2017/03/ Genfer_Fluechtlingskonvention_und_New_Yorker_Protokoll.pdf 7.7.2020)

127

die Institutionen ihres Landes sie entweder nicht beschützen können oder wollen. Das ist vielfach bei Staaten der Fall, in denen die öffentliche Ordnung infolge von Terror und Krieg zusammengebrochen ist, wie in Teilen Somalias, Syriens oder Afghanistans.

Flüchtlinge sind in ihrem Herkunftsland an Leib und Leben gefährdet, daher sind sie auf den Schutz eines anderen Landes angewiesen, und dieser Schutzmechanismus heißt Asyl. Das einzige Kriterium, ob jemand Asyl bekommt oder nicht, ist die Gefahr der Verfolgung. Politische Überlegungen dürfen hier keine Rolle spielen, etwa dass das Aufnahmeland mit dem Herkunftsland befreundet ist oder dass die betreffende Person keine Qualifikationen hat, die für den heimischen Arbeitsmarkt geeignet wären. Nur wer Kriegsverbrechen oder Verbrechen gegen die Menschlichkeit begangen hat, ist von der Asylgewährung ausgeschlossen. Keine Rolle spielt hingegen, ob jemand auf legale Weise in das Aufnahmeland eingereist ist oder nicht.

Um festzustellen, ob jemand tatsächlich Flüchtling ist, wird ein Asylverfahren durchgeführt, das in europäischen Ländern mehrere Instanzen hat. Während dieser Zeit bezeichnet man die Asylantragsteller als Asylwerberin und Asylwerber (in Österreich) oder als Asylbewerberin und Asylbewerber (in Deutschland) beziehungsweise allgemein als Asylsuchenden.

Es gibt Fälle, in denen jemand zwar kein Flüchtling im Sinne der Genfer Konvention ist, jedoch bei einer Rückführung ins Herkunftsland bedroht wäre. Das können beispielsweise homosexuelle Menschen in Ländern mit grassierender Homophobie sein, oder Frauen, die sich oder ihre Töchter vor Genitalverstümmelung schützen wollen, Menschen, die aus Kriegsgebieten kommen und vieles mehr. Solche Menschen bekommen sogenannten subsidiären Schutz zugesprochen. Das ist ein Status, der sich von Land zu Land unterscheiden kann. Gemeinsam ist ihnen, dass dieser Status temporär vergeben wird. Diese Fälle werden vom Aufnahmestaat periodisch neu geprüft, um festzustellen, ob nach wie vor Schutzbedürftigkeit besteht. Üblicherweise haben subsidiär Schutzberechtigte einen mehr oder weniger beschränkten Zugang zum Arbeitsmarkt ihres Aufnahmelandes.

Die wichtigste Leitlinie für alle diese Schutzformen ist das Prinzip des Non-Refoulement, das ein Teilaspekt des Folterverbots ist. Es verbietet die Auslieferung einer Person in ein Land, wo für sie ein ernsthaftes Risiko der Folter oder der unmenschlichen Behandlung oder Bestrafung besteht.

Anerkannte Flüchtlinge haben nahezu die gleichen Rechte wie die Staatsbürger des Asyllandes und erhalten Reisedokumente. Allerdings dürfen sie als Flüchtlinge nicht in ihr Heimatland reisen, sonst erlischt ihr Asylstatus. Flüchtlingsschutz wird ja gewährt, weil eine Person glaubhaft vermitteln konnte, dass ihr im Herkunftsland Gefahr droht. Wenn dieselbe Person anschließend unbehelligt in dieses Land einreisen und wieder ausreisen kann, lässt sich die Behauptung von der Verfolgungsgefahr nicht mehr aufrechterhalten.

Asyl kann aberkannt werden, wenn die Gefährdungssituation nicht mehr besteht, weil beispielsweise das Herkunftsland einen Demokratisierungsprozess durchlaufen hat und die Gefahr einer Verfolgung gebannt ist. Auch wenn anerkannte Flüchtlinge schwerwiegende Straftaten begehen, kann ihnen der Flüchtlingsstatus entzogen werden.

Statt »Flüchtling« wird neuerdings in NGO-Kreisen häufig der Begriff »Geflüchtete/r« verwendet, so als wäre die Bezeichnung Flüchtling ein Schimpfwort. Damit gibt man jenen politischen Kräften nach, die immer nur von Flüchtlingen reden. In Wirklichkeit ist »Flüchtling« ein präzise definierter juristischer Terminus. Indem man das Wort vermeidet, trägt man dazu bei, den Begriff Flüchtling, aber auch die so bezeichneten Menschen abzuwerten.

Den umgekehrten sprachlichen Weg ist der Begriff »Asylant« gegangen. Er kam vor etwa zwanzig Jahren als abschätzige Bezeichnung für Asyl(be)werberinnen und Asyl(be)werber auf, ist aber mittlerweile in den Sprachgebrauch eingeflossen und wird auch von Personen verwendet, die ihn nicht als Schimpfwort verstehen.

Asylverfahren sind langwierig und teuer. Daher wollen die EU-Mitgliedsstaaten das Asyl-Shopping verhindern, bei dem Schutzsuchende in mehreren Mitgliedsstaaten Asylanträge stellen, um ihre Chancen auf Anerkennung zu erhöhen. Das wird durch die Dublin-Verordnung geregelt, die festlegt, welcher Mitgliedsstaat verpflichtet ist, das Asylverfahren durchzuführen. Im Allgemeinen ist es der erste EU-Mitgliedsstaat, in den ein Asylwerber einreist. Daher werden Asylwerbern in der EU bei der Einreise oder beim Aufgriff durch die Polizei die Fingerabdrücke abgenommen und in der EURODAC-Datenbank gespeichert. Wenn eine Überprüfung ergibt, dass die Fingerabdrücke der betreffenden Person schon in einem anderen EU-Land abgenommen wurden, wird sie üblicherweise im Rahmen eines »Dublin-Verfahrens« in dieses Land zurückgeschickt.

Die Allgemeine Erklärung der Menschenrechte, also die UN Menschenrechtscharta, legt in Artikel 14 fest, dass jeder das Recht hat, in anderen Ländern Schutz vor Verfolgung zu suchen und zu bekommen.[2] Die AEMR hat in Österreich Verfassungsrang.

In der Praxis bedeutet das Recht auf Asyl, dass alle Asylsuchenden Anspruch auf ein Asylverfahren durch die zuständige Behörde haben. Es kann also nicht Grenzpolizisten oder Sol-

---

2 https://www.menschenrechtserklaerung.de/die-allgemeine-erklae-
rung-der-menschenrechte-3157/(30.9.2020)

daten überlassen werden, ob sie Personen ins Land lassen oder nicht, die angeben, dass sie einen Asylantrag stellen wollen. Sie müssen der Asylbehörde vorgeführt werden, denn nur sie kann ermitteln, ob jemand internationalen Schutz braucht oder nicht.

Völlig anders ist das Aufenthaltsrecht von Migrantinnen und Migranten geregelt, weil deren Lebensumstände andere sind. Migranten sind Personen, die freiwillig ihr Herkunftsland verlassen, um ihren Lebensmittelpunkt kurzfristig oder auf Dauer in ein anderes Land zu verlegen. Migranten stehen auch im Ausland weiterhin unter dem Schutz ihres eigenen Landes. Dem Aufnahmeland steht es frei zu entscheiden, welche und wie viele Migranten es aufnehmen will. Dabei spielen der Bedarf am eigenen Arbeitsmarkt und die Qualifikation der Migranten eine entscheidende Rolle. Auch Personen, deren Asylantrag rechtskräftig abgelehnt wurde (abgelehnte Asylwerber) gelten als Migranten, können also in ihr Herkunftsland rückgeführt werden.

Obwohl es sich bei Flüchtlingen und Migranten um zwei verschiedene rechtliche Kategorien von eingewanderten Personen handelt, gibt es nicht nur im Sprachgebrauch Vermischungen, sondern auch in der Migrationsrealität. Die europäischen Staaten haben, anders als etwa Kanada, Australien und die USA, keine klar umrissene Einwanderungspolitik, die festlegt, wer unter welchen Voraussetzungen kommen darf. Wer also nach Europa will, um zu arbeiten, und versucht, seinen Aufenthalt zu legalisieren, hat oft keine andere rechtliche Möglichkeit, als einen Asylantrag zu stellen. Dadurch wird das Asylsystem vieler EU-Mitgliedsstaaten mit unnötigen, aber teuren Asylverfahren überlastet, die weder im Interesse der Staaten selbst noch im Interesse der Betroffenen liegen. Asylbehörden, Aufnahmezentren und Gerichte sind also jahrelang mit Fällen befasst, die dort gar nicht hingehören.

Diese Vorgangsweise schadet den wirklich schutzbedürftigen Flüchtlingen insofern, als im öffentlichen Diskurs von Politikern und Medien immer wieder von »Asylmissbrauch« oder von »Asylbetrug« die Rede ist. Die Schuld dafür wird ausschließlich den Antragstellerinnen und Antragstellern gegeben, denen Betrugsabsicht vorgeworfen wird. Damit werden das Asylsystem und der Flüchtlingsschutz als solcher in Misskredit gebracht.

Die Gründe für Migration sind vielfältig, wobei Arbeitssuche, Ausbildung und Heirat zu den häufigsten zählen. Es gibt keine rechtlich verbindliche Definition für den Begriff Migrantin oder Migrant.

Migrantinnen und Migranten können auf legale Weise einreisen, etwa als Gastarbeiter oder Studienberechtigte. Das bedeutet, dass sie alle notwendigen Papiere für einen Aufenthalt im Aufnahmeland schon zu Hause beschafft haben. Wenn sie auf unerlaubte Weise einreisen, spricht man eher von irregulärer als von illegaler Migration. Die Bezeichnung als »illegale Migrantin« oder »illegaler Migrant« auf Menschen angewandt ist entwürdigend. Der Slogan einer Kampagne für Migrantenrechte bringt es auf den Punkt: »Kein Mensch ist illegal.« Dabei handelt es sich um ein Zitat des Holocaust-Überlebenden und Schriftstellers Elie Wiesel. Die Aktion »kein mensch ist illegal«, kmii, begann 1997 als Kunstprojekt in Deutschland und hat sich mittlerweile zu einem länderübergreifenden Hilfsprojekt zum Schutz von Migrantinnen und Migranten entwickelt, die von Abschiebung bedroht sind.

Ungeachtet der rechtlichen Unterscheidung zwischen Schutzberechtigten und Migrantinnen und Migranten, ist die individuelle Lage vieler Migranten nicht weniger prekär und sie stehen unter einem enormen wirtschaftlichen und psychologischen Druck. Sie kommen oft auf denselben Routen wie die Flüchtlinge (ein Phänomen, das man als »mixed migration« bezeichnet) und haben ihr Land verlassen, weil sie sich und ihre Familie nicht ernähren konnten. Wenn sie zu Hause keine Aussicht auf bezahlte Jobs haben und oft die Verantwortung für die Versorgung mehrerer Generationen ihrer Familie tragen, sehen sie keine andere Chance, als im Ausland nach Arbeit zu suchen. Der korrekte Begriff für sie ist Arbeitsmigrantin und Arbeitsmigrant. Der abschätzige Begriff Wirtschaftsflüchtling ist zu vermeiden.

Als »Menschen mit Migrationshintergrund« bezeichnete man Personen, die entweder selbst im Ausland geboren sind oder zumindest einen im Ausland geborenen Elternteil haben. Anders als »Migrantin«, »Migrant« oder »Flüchtling« sagt Migrationshintergrund nichts über den rechtlichen Status der so kategorisierten Personen aus. Sie können, müssen aber nicht ausländische Staatsbürger sein.

DIE DOPPELBÖDIGE MIGRATIONSDEBATTE[3]

Die öffentliche Debatte um Flüchtlinge, Flucht und Migration wird manchmal mit geradezu atemberaubender Doppelbödigkeit geführt. Wenn es um die Aufnahme von Flüchtlingen geht, also von Menschen, die Schutz suchen, werden Abwehrargumente ins Treffen geführt, wie die kulturelle Veränderung der europäischen Gesellschaft, die Terrorgefahr und – in der Coronakrise – die mögliche Verbreitung von Seuchen durch Flüchtlinge. Allerdings sind es oft genau dieselben Politikerinnen und Politiker, die mehr oder weniger öffentlich die Anwerbung billiger ausländischer Arbeitskräfte befördern. Gerade die Coronakrise hat deutlich gezeigt, dass Berufsgruppen wie Erntearbeiterinnen und -arbeiter, Pflegekräfte oder Schlachthofmitarbeiter fast ausschließlich im Ausland rekrutiert werden und dass ganze Wirtschaftsbereiche auf sie angewiesen sind.

Moderne Industriestaaten funktionieren in Wirklichkeit nicht ohne ein Mindestmaß an Zuwanderung. Gegenüber dem europäischen Wahlvolk thematisieren Politikerinnen und Politiker die Notwendigkeit und Nützlichkeit der Arbeitsmigration eher nicht. Wenn es um Flüchtlingsaufnahme geht, löst man dafür gerne eine Art Heimatschutzreflex aus. Das reicht von Italien im Süden bis in die skandinavischen Staaten im Norden und von Großbritannien im Westen bis nach Ungarn im

---

3 Die Angaben in diesem Kapitel entstammen hauptsächlich dem OECD-Migrationsbericht 2019, dem Statistischen Jahrbuch des UNHCR sowie der Statistikplattform de.statista.com und dem Bericht des UNHCR Global Trends 2019.

Osten. Stellt man beispielsweise die Fakten des staubtrockenen OECD-Migrationsberichts 2019 (International Migration Outlook 2019) dem vielfach populistischen politischen Diskurs in der EU gegenüber, ergeben sich erstaunliche Ungereimtheiten.

Mit inflationären Zahlen werden in der Öffentlichkeit Flüchtlingsängste geschürt und vielfach wird militärisches Vokabular bemüht, um die Gefahr und ihre Abwehr deutlich zu machen. In Wirklichkeit stellen »humanitäre Migranten«, wie es im OECD-Bericht heißt, also Asylwerber und Flüchtlinge, nur 14 Prozent des gesamten Migrationsflusses in den Industriestaaten.

Zugegebenermaßen sind Flüchtlinge nicht gleichmäßig über die Industriestaaten verteilt und Länder wie Deutschland, Österreich und die nordischen Staaten haben vergleichsweise mehr Flüchtlinge aufgenommen als andere Mitgliedsstaaten. Doch die EU scheitert seit Jahren daran, ein gerechtes Verteilungssystem auf die Beine zu stellen, weil viele Mitgliedsstaaten die Aufnahme verweigern.

Noch deutlicher wird die ungleiche Verteilung, wenn man globale Flüchtlingsstatistiken analysiert. Laut UN-Flüchtlingshochkommissariat (UNHCR) gibt es 26 Millionen Flüchtlinge und Asylwerber weltweit.[4] (Dazu kommen noch fast 46 Millionen Binnenflüchtlinge, also Personen, die vor einer lokalen Gefahr im eigenen Land geflüchtet sind.) Rund drei von vier Flüchtlingen (73 Prozent) haben auf ihrer Flucht nur eine einzige Grenze überquert und sich gleich im Nachbarland niedergelassen.

Damit relativiert sich sehr schnell das politische Narrativ von der überproportionalen Belastung der EU und der USA durch Flüchtlinge. Die Industriestaaten nehmen nur 15 Prozent der globalen Flüchtlingspopulation auf, wohingegen

---

4 https://www.unhcr.org/figures-at-a-glance.html (6.7.2020)

Entwicklungsländer 85 Prozent der Flüchtlinge auf der Welt beherbergen.

Unter den Top fünf Flüchtlingsaufnahmeländern findet sich nach der Türkei (3,6 Millionen) Kolumbien (1,8 Millionen), Pakistan und Uganda (je 1,4 Millionen) erst an fünfter Stelle ein europäisches Land, nämlich Deutschland, mit 1,1 Millionen.

Die Zahl der Flüchtlinge und Flüchtlingsneuankünfte im OECD-Raum ist seit 2015 gesunken, der Zuzug von Arbeitsmigrantinnen und -migranten aus Drittstaaten steigt hingegen, weil die europäische Wirtschaft in vielen Staaten und vielen Branchen unter einem Arbeitskräftemangel leidet.

Dieselben Regierungen erlassen einerseits restriktivere Flüchtlingsbestimmungen (Kürzung von Sozialleistungen und Integrationsmaßnahmen und Erschwernisse beim Familiennachzug), während sie andererseits den Zuzug von Arbeitskräften erleichtern. Laut OECD-Bericht werben zahlreiche EU-Staaten Gastarbeiterinnen und Gastarbeiter aktiv an. Mangelberufslisten werden erweitert, die Verweildauer für Saisonarbeiterinnen und -arbeiter verlängert und einige Staaten haben sogar die neue Kategorie der arbeitenden Urlauberinnen und Urlauber erfunden, das heißt, Touristinnen und Touristen aus Drittstaaten können in einigen EU-Staaten mehrere Monate legal arbeiten, wenn sie während ihrer »Urlaubsreise« einen Job finden.

Gegenüber den Wählerinnen und Wählern wird dennoch eine scharfe Anti-Immigrationsrhetorik aufrechterhalten. Das zeigt jedenfalls ein vertiefter Blick auf die sogenannten Visegrád-Staaten (Polen, Ungarn, Tschechien und Slowakei), die sich als Wortführer der Anti-Flüchtlingsrhetorik in der EU hervorgetan haben. Jeden Versuch, die Flüchtlinge innerhalb der EU gerechter zu verteilen und die Erstaufnahmestaaten wie Griechenland zu entlasten, haben sie lauthals abgewehrt.

Immigration und Emigration werden in diesen Ländern mit zweierlei Maß gemessen. Die Mitgliedsstaaten der EU in Ostmitteleuropa haben nämlich ein akutes Migrationsproblem, allerdings handelt es sich weniger um die Einwanderung von Fremden als um die Emigration der eigenen Bevölkerung. Müßig zu erwähnen, dass das in den Visegrád-Staaten Tradition hat. Praktisch jede Einwohnerin und jeder Einwohner hat Verwandte und Bekannte, die seinerzeit, als diese Staaten noch kommunistisch waren, nach Westeuropa flüchteten und dort Asyl erwarteten und erhielten.

Heutzutage wandern sehr viele junge Menschen Richtung Westen aus, oft nach Abschluss ihrer Ausbildung. Damit fehlen sie nicht nur auf dem heimischen Arbeitsmarkt, auch die Geburtenzahlen sacken ab, weil genau das die Alterskohorte ist, die Familien gründet. Was der Staat in die Bildung dieser jungen Auswanderer investiert hat, geht dadurch seiner Volkswirtschaft auf Dauer verloren.

Gelöst wird das Dilemma mit der üblichen Hypokrisie. Man predigt einen Migrationsstopp – und holt sich Migrantinnen und Migranten.

In Ungarn hat die Regierung Orbán alles darangesetzt, die Aufnahme von Flüchtlingen zu verhindern. Sie wurden als Terror- und Sicherheitsrisiko dargestellt. 2016 lief eine Plakatkampagne mit Slogans wie: »Die Anschläge von Paris wurden von Migranten verübt« oder »Seit Beginn der Migrationskrise ist die Belästigung von Frauen in Europa sprunghaft angestiegen«. Für Asylwerber ist es mittlerweile praktisch unmöglich einzureisen.

Die Chance, in Ungarn auf der Straße einem Flüchtling zu begegnen, ist also ungefähr so hoch wie die Wahrscheinlichkeit, bei einem Autounfall ums Leben zu kommen, denn auf eine Million Einwohner kommen 66 Asylwerber. Niemand kann der Regierung in Budapest vorwerfen, dass sie ihre national-chauvinistische Ideologie in Flüchtlingsfragen nicht konsequent durchziehen würde: Während sie alles daransetzt, Menschen aus Syrien und Afghanistan fernzuhalten, wurde 2019 ein Kontingent für die Aufnahme von 300 Venezolanern bereitgestellt, sofern diese nachweislich ungarische Vorfahren haben.

Bei der Arbeitsmigration setzt diese Ideologie allerdings aus: Die Zahl der Ungarinnen und Ungarn im erwerbsfähigen Alter ist im Sinken begriffen. Laut OECD sind im Jahr 2016 85.000 Ungarinnen und Ungarn in andere Industrieländer ausgewandert, 2017 waren es 86.000. Zuerst hat die Regierung versucht, den Bevölkerungsschwund mit Lohnerhöhungen und einer Verbesserung der Arbeitsbedingungen zu stoppen, doch die Gesamtbevölkerungszahl sank weiter um durchschnittlich 0,3 Prozent um Jahr. Zur Kompensation hat Ungarn Anwerbeprogramme für Gastarbeiterinnen und Gastarbeiter aus Rumänien und Serbien, aber auch aus der Mongolei und Vietnam laufen.

Auch Polen wehrt sich seit 2015 erbittert gegen jede Umverteilung von Flüchtlingen innerhalb Europas und scheut ebenfalls vor drastischer Wortwahl nicht zurück. Von Terrorgefahr, von einer »Schlinge um den Hals« und von »Selbstmord« ist sogar in offiziellen Schreiben an die EU-Kommission die Rede, obwohl es im Land nur 63 Flüchtlinge pro einer Million Einwohner gibt.[5] Für Aufsehen sorgte ein Schlagabtausch zwischen der polnischen EU-Abgeordneten Beata Mazurek und dem schwedischen Staat im Jahr 2019. Die Abgeordnete behauptete, dass schwedische Staatsbürgerinnen und Staatsbürger massenweise nach Polen auswanderten, um »der grassierenden Kriminalität und Multikulturalität« in ihrem Heimatland zu

---

5 https://www.euractiv.de/section/eu-innenpolitik/news/polen-haelt-an-anti-migrationspolitik-fest/ (17.7.2020)

entfliehen. Sie kämen nach Polen, um die »Ruhe und Normalität« zu finden, die sie zu Hause nicht hätten.

Der schwedische Justizminister konterte nicht minder unelegant: Man wisse von keinem Exodus. Es seien in den letzten Jahren einige Hundert gebürtige Polinnen und Polen und nur 241 Schwedinnen und Schweden nach Polen gegangen. Dafür sei die Zahl der Polen, die nach Schweden kämen, wesentlich höher und umfasse auch »zahlreiche Kriminelle«.

Die vielgeschmähte »Multikulturalität« ist umgekehrt genau das, was Polen von seiner 18 bis 20 Millionen Menschen umfassenden Diaspora erwartet, dass sie nämlich auch im Ausland ihre polnische Identität beibehalten statt sich zu integrieren. Anders ist es nicht zu erklären, dass der damalige polnische Senatspräsident Stanisław Karczewski 2018 die Auslandspolen aufgefordert hat, »antipolnische Berichterstattung« in den dortigen Medien zu beobachten und an die polnischen Vertretungsbehörden zu melden.

Weil jede zehnte Polin beziehungsweise jeder zehnte Pole in den letzten Jahren im Ausland gearbeitet hat oder arbeitet, fehlen der eigenen Wirtschaft die Arbeitskräfte. Daher hat Polen das größte Gastarbeiter-Anwerbungsprogramm der gesamten industrialisierten Welt ins Leben gerufen und in den letzten Jahren 1,1 Millionen Nicht-EU-Bürgerinnen und -Bürger aufgenommen. Die Warschauer Führung ersetzt also ihre nach Westen gewanderten Staatsbürgerinnen und Staatsbürger durch Arbeitskräfte aus der Ukraine und Belarus, die nun ihrerseits westwärts nach Polen wandern, um die Lücken aufzufüllen.

Flüchtlinge will Polen hingegen nicht ins Land lassen, insbesondere, wenn sie islamischen Glaubens sind. NGO-Aktivistinnen und -Aktivisten oder Bürgermeisterinnen und Bürgermeister, die sich gegen Hassparolen und für die Aufnahme von Flüchtlingen einsetzen, werden beschimpft und bedroht, manche müssen sogar Polizeischutz in Anspruch nehmen.

In Tschechien ist Premierminister Andrej Babiš auch nicht gerade bekannt für eine Pro-Migrationshaltung.[6] Er hat wiederholt betont, dass sein Land nicht dazu beitragen will, Italien oder Griechenland zu entlasten und dass es »keinen einzigen Flüchtling« aufnehmen werde.[7] Aber Arbeitskräftemangel ist Arbeitskräftemangel. Die Tschechische Republik hat daher bilaterale Abkommen für die Aufnahme von Gastarbeiterinnen und Gastarbeitern mit Ländern wie der Ukraine, der Mongolei, den Philippinen, Serbien und Indien abgeschlossen. Tschechien verzeichnet immerhin 128 Asylwerberinnen und Asylwerber pro einer Million Einwohner. Die kommen aber aus eher ungewöhnlichen Herkunftsländern wie der Ukraine, Kuba und Georgien.

Das vierte Mitglied des Visegrád-Klubs ist die Slowakei mit 28 Asylwerberinnen und Asylwerbern pro Million Einwohner. Das Land hat sich seit 2015 stets gegen die Umverteilung von Flüchtlingen gewehrt und sieht sich als Transitland. Rechtsradikale Kräfte forcieren vor allem anti-islamische Argumente. Ansonsten ist das Land in der öffentlichen Debatte mehr mit sich selbst und der Korruptionsbekämpfung beschäftigt.

Zum Vergleich: Die am stärksten von Neuankommenden betroffenen Länder waren 2018 Zypern (8805 Asylwerberinnen und Asylwerber pro eine Million Einwohner) und Griechenland (6051 pro Million). Die Zahl von Asylwerberinnen und Asylwerbern in Deutschland (1954 pro Million) oder

---

6 https://www.dw.com/en/andrej-babis-the-anti-migrant-czech-premier-and-his-migrant-workers/a-47407402 (6.7.2020)

7 https://www.infomigrants.net/en/post/12184/czech-republic-remains-closed-to-refugees-says-pm (6.7.2020) und https://de.statista.com/statistik/daten/studie/156549/umfrage/asylbewerber-in-europa-2010/ (6.7.2020)

Österreich (1291 pro Million) nimmt sich dagegen durchaus überschaubar aus, auch wenn der Ton der öffentlichen Migrationsdebatte das nicht vermuten ließe.[8]

Migrantinnen und Migranten, die Geld bringen, sind offenbar immer willkommen, auch in Ländern, die Flüchtlingen sehr skeptisch gegenüberstehen. Für ausreichende Geldbeträge kann man ganz offiziell EU-Staatsbürgerschaften kaufen. Mehrere europäische Staaten haben sogenannte »Golden Visa«-Programme eingeführt, die schwerreiche Ausländerinnen und Ausländer anlocken sollen, egal woher sie kommen oder auf welche Weise sie ihren Reichtum erworben haben. Von den Gefahren des Terrors oder der Kriminalität ist da nicht die Rede. Die Möglichkeit des Staatsbürgerschaftskaufs[9], geschönt als »Staatsbürgerschaft durch Investitionen« bezeichnet, variiert stark im Preis.

In Malta bekommt man nur Probleme, wenn man per Flüchtlingsboot anlandet. Mit der Jacht ist es da schon leichter. Für die maltesische Staatsbürgerschaft muss die Antragstellerin beziehungsweise der Antragsteller 650.000 Euro in einen staatlichen Entwicklungsfonds einzahlen, jedes weitere Familienmitglied zahlt 25.000 dazu. Außerdem muss sie oder er mindestens 150.000 Euro in eine staatlich approbierte Anleihe investieren und eine Immobilie im Wert von mindestens 350.000 Euro kaufen oder langfristig mieten.

Zypern fordert für die Staatsbürgerschaft einen Immobilienkauf um mindestens zwei Millionen Euro sowie je 75.000 Euro Spenden an zwei staatliche Entwicklungsfonds. Griechenland gibt es billiger. Man muss »nur« mit Immobilieninvestitionen von rund 300.000 Euro inklusive Steuern rechnen.

---

8 https://de.statista.com/statistik/daten/studie/156549/umfrage/asylbewerber-in-europa-2010/ (6.7.2020)

9 https://www.goldenvisas.com/country (6.7.2020)

Bis 2017 konnte man übrigens in Ungarn zum Diskontpreis einen Daueraufenthalt für sich und seine Angehörigen erwerben und sich damit im gesamten Schengengebiet frei bewegen. Ausländer mussten bloß 300.000 Euro in einer Anleihe mit fünfjähriger Laufzeit anlegen. Nicht einmal ein Wohnsitz in Ungarn, Sprachtests oder medizinische Untersuchungen wurden verlangt.

Zuletzt soll hier noch ein beliebter Mythos der Migrationsdebatte entzaubert werden, nämlich der vom bevorstehenden Ansturm mehrerer Millionen Afrikanerinnen und Afrikaner auf Europa. Nicht erst seit dem Erscheinen eines Buches des US-amerikanischen Publizisten Stephen Smith mit dem alarmistischen Titel »The Scramble for Europe« (in etwa: Das Drängeln nach Europa) im Jahr 2019 bemühen Politiker und Journalisten in Europa das Schreckgespenst eines Massenansturms von jungen Afrikanerinnen und Afrikanern, bedingt durch das starke Bevölkerungswachstum auf dem Kontinent. Die junge Generation dränge nach Europa und in dreißig Jahren, so prophezeit Smith, würde ein Viertel der Bewohnerinnen und Bewohner Europas afrikanische Wurzeln haben.

Während viele Politikerinnen und Politiker und Medien Smiths Thesen zustimmen und eine »afrikanische Gefahr« heraufbeschwören, verlangen Wissenschafterinnen und Wissenschafter einen faktenbasierten Diskurs über Migration und eine daraus resultierende Migrationspolitik. Schon ein kurzer Blick auf die von der OECD vorgelegten Zahlen zeigt, wie unrealistisch Smiths Thesen sind. Auf der Liste der 50 wichtigsten Herkunftsländer von Immigranten im OECD-Raum finden sich nur vier afrikanische Staaten, und zwar relativ weit unten. Zwei davon sind arabisch, nämlich Algerien und Ägypten, und die einzigen subsaharischen Staaten auf dieser Liste sind Nigeria und Eritrea.

VON SCHLEPPERN
UND MENSCHENHÄNDLERN

Europa ist in den letzten Jahren zu einer Festung geworden und für Flüchtlinge und Migranten ist es fast unmöglich, auf legalem Weg einzureisen. Ein Visum für die Europäische Union ist teuer und aufwendig. Man muss nachweisen, dass man über ausreichende Geldsummen verfügt, um sich für einige Zeit zu versorgen, und dass man eine Krankenversicherung hat oder dass jemand innerhalb der EU im Krankheitsfall für alle Kosten aufkäme.

Wer beispielsweise ein Visum für Österreich beantragt, braucht laut Portal des Außenministeriums[10] eine »für die geplante Aufenthaltsdauer abgeschlossene alle Risiken abdeckende Reisekrankenversicherung (Deckungssumme 30.000 Euro gültig für den ganzen Schengenraum)«, den »Nachweis über ausreichende Mittel zur Bestreitung des Lebensunterhalts für die Dauer des geplanten Aufenthalts und die Rückreise in den Herkunfts- oder Wohnsitzstaat« sowie »sonstige, von der jeweiligen Behörde geforderten Nachweise (Hotelreservierungen, Einladungsschreiben, Buchungsbelege, Rückflugticket, Nachweis einer aufrechten Beschäftigung, usw.)«. Das stellt für den größten Teil der Weltbevölkerung ein unüberwindbares Hindernis dar.

Wer nicht die Mittel und Verbindungen hat, um auf legale Weise in die EU einzureisen, ist gewissermaßen genötigt, Dienste von Schleppern in Anspruch zu nehmen. Daher sagt

---

10 https://www.oesterreich.gv.at/themen/leben_in_oesterreich/visum_fuer_oesterreich/Seite.3550010.html#Voraussetzungen (7.7.2020)

die Tatsache, ob jemand illegal mit Schleppern oder legal mit Visum nach Europa kommt, überhaupt nichts darüber aus, ob diese Person Flüchtling ist, also internationalen Schutz braucht oder nicht. Artikel 31 der Genfer Flüchtlingskonvention besagt, dass die Unterzeichnerstaaten keine Strafen gegen Asylsuchende wegen unrechtmäßiger Einreise verhängen dürfen, wenn die betreffenden Personen »unmittelbar aus einem Gebiet kommen, in dem ihr Leben oder ihre Freiheit (…) bedroht waren (…) vorausgesetzt, dass sie sich unverzüglich bei den Behörden melden und Gründe darlegen, die ihre unrechtmäßige Einreise oder ihren unrechtmäßigen Aufenthalt rechtfertigen.«[11]

Zur Begriffsklärung: Juristisch unterscheidet man genau zwischen Schlepperei (auch als Menschenschmuggel oder Schleuserkriminalität bezeichnet) und Menschenhandel (Trafficking).

Wie der Warenschmuggel ist die Schlepperei eine kommerzielle Transaktion zwischen einem Anbieter und einem Kunden zum Zwecke des illegalen Transports über eine Grenze. Es handelt sich um ein freiwillig eingegangenes Geschäft. Die geschädigte Partei ist der Ein- beziehungsweise Durchreisestaat, dessen Grenzen widerrechtlich überschritten werden.

Ganz anders verhält es sich beim Menschenhandel. Hier geht es um das Anwerben, Anbieten, Transportieren, Vermitteln und Beherbergen von Menschen durch Täuschung, Zwang oder Drohung. Zweck des Menschenhandels ist die Ausbeutung der Opfer, etwa in Form von Lösegeldforderungen, Zwangsarbeit, Zwangsprostitution, Schuldknechtschaft, Sklaverei, Organentnahme oder Nötigung zu kriminellen Handlungen. Die geschädigte Partei bei dieser Art von Kriminalität sind die Opfer der Menschenhändler.

---

11 https://www.unhcr.org/dach/wp-content/uploads/sites/27/2017/03/Genfer_Fluechtlingskonvention_und_New_Yorker_Protokoll.pdf (7.7.2020)

Eine so klare juristische Trennung in Schlepperei- und Menschenhandelsdelikte hält der Überprüfung in der Realität nicht immer stand. In der Migrationspraxis gehen beide Formen ineinander über. Es gibt keine Schlepperei ohne Elemente des Zwanges. Oft glauben die Flüchtlinge und Migrantinnen und Migranten, dass sie es mit einem »ehrlichen« Schlepper zu tun haben, und sind bereit, für die Dienstleistung zu bezahlen, doch in Wirklichkeit sind sie an einen Menschenhändlerring geraten und werden letztlich zu Opfern finanzieller Ausbeutung sowie physischer und psychischer Gewalt, oft in sexualisierter Form.

Die Schlepperkriminalität ist heute in vielen Gebieten der Welt ein blühendes Businessmodell des organisierten Verbrechens. Ehemalige Drogen- und Waffenhändlerringe sind auf das Transportieren von oder den Handel mit Menschen umgestiegen und wurden so zu einer der treibenden Kräfte des Migrationsgeschehens, auch wenn das in der politischen Lagebeurteilung und im allgemeinen Diskurs eine erstaunlich untergeordnete Rolle spielt.

Das in Wien ansässige Büro der Vereinten Nationen für Drogen- und Verbrechensbekämpfung (UNODC) bezeichnet das Schleppen und den Menschenhandel mit Migrantinnen und Migranten als »hochprofitables Geschäft mit einem relativ niedrigen Risiko aufgegriffen zu werden«.[12] Daher ist dieses Betätigungsfeld für kriminelle Organisationen von steigender Attraktivität. Schleppernetzwerke agieren immer professioneller und umfassen immer mehr Staaten. Sie stellen die am schnellsten wachsende Branche des organisierten Verbrechens dar. Zusammen mit Waffengeschäften und dem Drogenhandel zählt das Schmuggeln von Migrantinnen und Migranten weltweit zu den drei profitabelsten kriminellen Aktivitäten. Profite aus

12 https://www.unodc.org/unodc/en/human-trafficking/ (7.7.2020)

diesem Geschäft sind äußerst schwer zu berechnen. Schätzungen variieren von sieben bis 507 Milliarden Dollar im Jahr.[13]

Schleppernetzwerke sind meist international organisiert, funktionieren entlang von bestimmten Routen und arbeiten vielfach zusammen. Sie sind hierarchisch aufgebaut, aber die Agentinnen und Agenten vor Ort, die mit den eigentlichen Kundinnen und Kunden in Kontakt kommen, sind stets auf bestimmte Nationalitäten beziehungsweise Sprachgruppen spezialisiert. Von Route zu Route gibt es beträchtliche Unterschiede, was die Vorgangsweise und die Gefährlichkeit dieser Netzwerke betrifft.

Seit 2014 hat es sich die Internationale Organisation für Migration (IOM) zur Aufgabe gemacht zu dokumentieren, wie viele Migrantinnen und Migranten weltweit verschollen oder nachweislich verstorben sind. Das Missing Migrants Project[14] zählt sozusagen laufend mit. Dabei zeigt sich Jahr für Jahr, dass der afrikanische Kontinent und das Mittelmeer die bei Weitem gefährlichsten Regionen sind, was nicht zuletzt mit der Gewissenslosigkeit und Profitgier von Schleppern zu tun hat. Allein 2019 waren von den 5303 bestätigten Todesfällen von Migrantinnen und Migranten 1887 in Afrika und 1885 im Mittelmeer zu verzeichnen, also jeweils 35,5 Prozent.

AFGHANEN UND IRANER

Afghanische Flüchtlinge und Migrantinnen und Migranten buchen üblicherweise ein »All inclusive«-Arrangement von einer größeren Stadt in Afghanistan (oder dem Iran) in ein europäisches Zielland. Es sind oft die Väter, die ein Geschäft

---

13 https://www.astra.rs/en/trafficking-human-beings/ (7.7.2020)
14 https://missingmigrants.iom.int/ (7.7.2020).

mit dem lokalen Agenten des Schleppernetzwerks abschließen. Schlepper sind in Afghanistan hoch angesehene Menschen, sie gelten als weit gereist und gebildet. Sie arbeiten oft mit Reisebüros zusammen, die ihren Kundinnen und Kunden sowohl legale Reisen als auch irreguläre Migration anbieten. In ganz entlegenen Gebieten gibt es auch eine Art »Vertreter«, die von Haus zu Haus gehen, um das Familienoberhaupt zu überreden, dass es einen Sohn nach Europa schickt. Frauen kommen sehr selten mit auf die Flucht und immer in Begleitung des Ehemannes oder eines männlichen Verwandten. Sie werden eher im Verlauf einer Familienzusammenführung nach Europa geholt.

Der Preis kann in bar bezahlt werden, oder der Vater tauscht Ackerland (weit unter dem Marktpreis) dafür ein oder verheiratet eine junge Tochter und bezahlt mit dem Brautgeld. Die Väter wollen ihren Söhnen eine bessere Zukunft bieten und sie vor Zwangsrekrutierungen durch Islamistengruppen schützen. Auch schwingt die Hoffnung mit, dass der Sohn in Europa Geld verdienen und so seine Familie zu Hause unterstützen wird. Der junge Reisende selbst spielt in dieser streng hierarchischen Gesellschaft bei der Entscheidung über die Abreise selten eine aktive Rolle.

Der Preis für die Reise wird nicht direkt an den Schlepper gezahlt, sondern beim »Saraf« hinterlegt, einer Art Treuhänder, der das Geld aufbewahrt und erst nach und nach auszahlt, sobald der Reisende ein vereinbartes Etappenziel erreicht hat. Sarafs sind Geldverleiher und Geldwechsler, die auf allen großen Märkten ihre Büros haben.

Die meisten Afghanen reisen in kleinen Gruppen, angeführt von einem Schlepperagenten, den sie respektvoll »Onkel« nennen. An jeder Grenze wechseln die »Onkel«. Die minderjährigen Burschen oder jungen Männer sind völlig unerfahren, verstehen meist nichts von Geografie und können kaum lesen und schreiben. Sie sind daher den Schleppern vollkommen ausgeliefert. Diese weisen ihnen den Weg und versorgen sie mit Nahrung, Wasser und Schlafstellen.

Erst seit ein, zwei Jahren ändert sich dieses eingefahrene Migrationsmuster als Resultat der raschen Verbreitung von Mobiltelefonen in Afghanistan. Selbst in ländlichen Gegenden besitzen immer mehr junge Männer Handys und verfolgen über die sozialen Netzwerke das Schicksal von Altersgenossen, die nach Europa gereist sind. Wenn sie beschließen, auch wegzugehen, weihen sie die Familie oft nicht in ihre Pläne ein, sondern reisen heimlich ab.

Dieses Verhaltensmuster gilt typischerweise für viele Afghanen, die in Flüchtlingslagern im Iran aufgewachsen sind und dort für sich kaum Chancen auf Ausbildung oder Arbeit sehen.

Sie arbeiten, sparen und zahlen Schlepper, die sie jeweils über die nächste Grenze bringen. Auf diese Weise arbeiten sie sich monate- und jahrelang auf ihr Ziel hin.

Die Schleppernetzwerke für Afghanen und Iraner sind international organisiert. Sie haben Agenten in allen Ländern entlang der Strecke und in Europa. Neben den reinen Schlepperdiensten bieten sie regelmäßig direkt in ihren öffentlichen Büros in Afghanistan und im Iran und auf den sozialen Netzwerken gefälschte und gestohlene Dokumente und Visa an. Ihre vielen Facebook-Seiten sind miteinander »befreundet«, was darauf hindeutet, dass es sich entweder um ein einziges großes Netz handelt oder sich mehrere Gruppen den Markt aufgeteilt haben.

Die meisten Posts sind auf Farsi verfasst, woraus man schließen kann, dass die Köpfe dieser Netzwerke Iraner sind. Die eng verwandte afghanische Sprachvariante Dari kommt wesentlich seltener vor, die zweite afghanische Landessprache Paschto war bis vor einigen Jahren auf Posts von Schleppern gar nicht gebräuchlich, ist aber jetzt in steigendem Ausmaß im Netz zu finden.

Viele Schlepper dokumentieren alle Phasen der von ihnen organisierten Gruppenreisen durch Fotos, die sie jeweils entlang der Strecke von allen Mitreisenden machen und auf sozialen Netzwerken posten, um noch mehr Kunden anzulocken.

Der reine Menschenschmuggel kippt entlang der Route mehrfach in Vorformen des Menschenhandels. Vor allem innerhalb des Iran und an den iranischen Grenzen werden die Reisenden in lebensgefährliche Situationen gezwungen, wenn sie sich weigern weiterzumachen. Weil die iranische Grenzpolizei bei illegalen Grenzübertritten sofort von der Schusswaffe Gebrauch macht, werden die jungen Afghanen in halsbrecherischem Tempo bei Nacht und ohne Licht auf der Ladefläche von überfüllten Pick-ups transportiert oder in enge Verstecke gepfercht. Sollte jemand herunterfallen, bleibt er liegen. Unfälle sind an der Tagesordnung, ebenso Erstickungen.

Manche Schlepper verlangen entgegen den Vereinbarungen während der Reise zusätzliche Zahlungen für Nahrung und Wasser, was ebenfalls nicht mehr ins Bild des bezahlten Fluchthelfers und Dienstleisters passt.

An der iranisch-türkischen Grenze müssen die Migrantinnen und Migranten das dreieinhalbtausend Meter hohe Van-Gebirge überqueren – nachts und ohne Ausrüstung. Immer wieder sterben Menschen in diesem Abschnitt und werden ebenso liegen gelassen wie erschöpfte und verletzte Reisende.

Die nächste gefährliche Phase ist das Verlassen der Türkei mit dem Boot. Wenn die Afghanen an der türkischen Küste an Bord gehen sollen, bekommen viele es mit der Angst zu tun. Sie kommen aus einem Binnenland, haben das Meer vorher noch nie gesehen, können meist nicht schwimmen und weigern sich, in die überfüllten Boote zu steigen.

Für die Mitarbeiter der Schlepperringe ist gerade die Einschiffung der gefährlichste Moment der Reise. Sie müssen den Prozess überwachen und können dabei von der Polizei auf frischer Tat ertappt werden. Wenn das Boot erst einmal auf See ist, kann man ihnen ihre Beteiligung nicht mehr so leicht nachweisen und die Schlepperorganisation hat Anspruch auf Bezahlung der Reisekosten durch den Saraf.

Dann spielen sich, besonders bei hohem Seegang, oft dramatische Szenen ab. Die Schlepper sind nervös und schlagen die unwilligen Kundinnen und Kunden oder zwingen sie mit vorgehaltener Waffe auf die Boote. Im Netz kursieren auf afghanischen Seiten zahlreiche Videos und Fotos solcher Vorgänge.

SYRER UND IRAKER

Menschen aus Syrien und dem Irak, die nach Europa migrieren, sind in der Regel gebildeter und informierter als Afghanen. Sie bereiten sich auf die Reise vor, studieren Routen und Preise und vergleichen Angebote der Schlepper. Sie bewerten sogar auf Facebook deren Zuverlässigkeit und warnen vor Betrügerinnen und Betrügern.

Syrer und Iraker reisen häufiger in Familiengruppen und haben meist ein Smartphone zur Verfügung, dessen GPS-Funktion sie zur Orientierung nutzen. Schlepperdienste nehmen sie nur für jene Streckenabschnitte in Anspruch, die sie nicht selbst bewältigen können, also Grenzübertritte und Meerespassagen.

Schleppernetzwerke entstehen dort, wo es eine Nachfrage gibt. Eine Untersuchung der Autorin hat gezeigt, dass zwischen der Türkei und Griechenland professionelle Syndikate erst nach der Schließung der Balkanroute 2016 aktiv wurden.[15] Zuvor handelte es sich bei den Angeboten um Gelegenheitsdelikte von Fischern und lokalen Geschäftsleuten, die sich mit Schlepperei etwas dazuverdienen wollten. Als die Kontrollen schärfer wurden, etablierten sich binnen zweier Monate gut vernetzte professionelle Gruppen auf dem Markt. Innerhalb weniger Wochen wurden auf Facebook Flüge, Reisen auf Privatjachten, Reisen per Frachtschiff und Lkws, gefälschte und gekaufte Visa, falsche Papiere und gestohlene Dokumente auf den verschiedensten Routen angeboten.

Auch hier zahlen Kundinnen und Kunden nicht direkt an den Schlepper, sondern hinterlegen das Geld bei einem der Treuhänder, die in der Türkei als »Versicherungsmakler« auftreten und in vielen Städten ihre Büros betreiben. Es gab zeitweise sogar Websites, wo man auf dem Stadtplan von Istanbul das nächstgelegene »Versicherungsbüro« finden konnte.

Solche Angebote sind ohne großen Aufwand in den Sprachen der Migrierenden auf Facebook nachzulesen, wie eine Studie zeigt, die die Autorin für UNHCR verfasst hat.[16] Um zu vermeiden, dass man Schlepperanzeigen mit automatischen Suchprogrammen erfasst, werden Namen und Telefonnummern von Kontaktpersonen oft in Bilder eingebettet. Viele der Facebook-Seiten sind kurzlebig und verschwinden regelmäßig vom Netz. Instagram war bis etwa 2017 in dieser Zielgruppe völlig ungebräuchlich, wird aber nun zunehmend genutzt.

---

15 https://www.myria.be/files/Report-trafficking-smuggling-2017-
    contribution2.pdf (7.7.2020).
16 https://www.unhcr.org/publications/brochures/5909af4d4/from-a-
    refugee-perspective.html (7.7.2020).

BALKANROUTE

Auf dem Balkan mischen sich viele Flüchtlingsströme. Auch dort brauchen Menschen »Hilfe«, um Grenzen zu überschreiten, und die Schleppernetzwerke stehen bereit. Sie kommunizieren mit ihren potenziellen Kundinnen und Kunden über Apps wie WhatsApp und Viber, die kostenlos sind, solange man Zugang zu einem WLAN hat. »Wir gehen zum Game«, ist eine gängige Formulierung unter jenen Migrantinnen und Migranten und Asylsuchenden in Bosnien-Herzegowina, die durch Kroatien nach Westeuropa wollen. Es ist ein Ausdruck, der ursprünglich aus dem afghanischen Schlepperjargon stammt, aber mittlerweile von allen Gruppen übernommen wurde.

Die lokalen Agenten der Schlepperorganisationen treten vor, aber auch in den diversen Aufnahmelagern ziemlich unverhohlen in Erscheinung und »beraten« ihre Kunden. Sie sagen ihnen, wo und wie sie weiterkommen können, führen sie über Grenzen sowie durch einige noch vom Jugoslawienkrieg übrig gebliebene Minenfelder. Wer sich keinen Schlepper für die gesamte Strecke leisten kann, findet im Netz Angaben über Wanderwege, Fußpfade und Gefahrenstellen.

Mittlerweile berichten NGO-Vertreterinnen und -Vertreter von dreisten Betrügern, die versprechen, die Menschen nach Kroatien zu bringen. Sie lassen sich bezahlen und gehen mit ihren Kundinnen und Kunden eine Strecke durch den Wald. Irgendwann behaupten sie, man hätte die Grenze überschritten und kroatisches Territorium erreicht, und lassen die Gruppe allein weitergehen. In Wirklichkeit haben sie Bosnien-Herzegowina nie verlassen, sondern einen »Waldspaziergang« gemacht, wodurch die falschen Schlepper auch keine Gesetze gebrochen haben. Die Betrogenen selbst versuchen dann zwar,

Landsleute über Facebook vor solchen Machenschaften zu warnen, aber Anzeige erstatten können sie nicht.

Die Migrationsstrecke von der Türkei über den Balkan birgt eine Reihe von Gefahren und hat zwischen Mitte 2013 und März 2019 170 Menschenleben gefordert.[17] Im Vergleich mit jenen Routen, die durch Libyen führen, nimmt sich das als geradezu sicherer Weg aus.

TODESSTRECKE DURCH LIBYEN

Anders als die Afghanen, bei denen oft der Vater über die Migration nach Europa entscheidet, reisen viele junge Männer, aber auch einige Frauen aus Eritrea und Somalia ohne Wissen der Eltern oder gegen deren Willen ab. Sie gehen auf »Tahriib«, heißt das im Jugendjargon.

In Somalia, dem Sudan oder Äthiopien kontaktieren Schlepperagenten potenziell reisewillige Teenager an Jugendtreffpunkten, zum Beispiel vor Schulen, und versprechen, sie »gratis« oder für wenig Geld nach Europa zu bringen. In Wirklichkeit handelt es sich um Menschenhändler, die sie nur bis Libyen führen. Dort werden die Jugendlichen von bewaffneten Banden als Geiseln genommen. Sie müssen ihre Familie anrufen und werden bei offener Telefonleitung gefoltert, während die Menschenhändler ihre Lösegeldforderungen stellen. In den sozialen Netzen findet man sowohl Audio- und Videoaufnahmen von Folterszenen als auch herzzerreißende Appelle von eritreischen und somalischen Eltern, die um Geld bitten, um ihre Kinder freizukaufen – sozusagen Crowdfunding für die Schlepper.

Oft handeln Menschenhändlergruppen untereinander mit

17 https://www.ard-wien.de/2019/03/20/die-toten-auf-der-balkanroute-die-recherche/ (17.7.2020)

Geiseln, und die Lösegeldforderung steigt bei jedem Weiterverkauf. Jene, die nicht oder nicht genug zahlen können, werden zur Zwangsarbeit oder Zwangsprostitution herangezogen, sogar als Sklavinnen und Sklaven verkauft. Sie müssen dann für ihre libyschen »Besitzer« so lange arbeiten, bis diese entscheiden, dass die Betroffenen den Kaufpreis nun abgedient hätten.

Andere Gefahren drohen von diversen Milizen, die Migrantinnen und Migranten verhaften und sie nur gegen Geld aus den überfüllten, gefährlichen Gefängnissen entlassen. Unterernährung, Wassermangel, Krankheiten, Folter und sexuelle Übergriffe stehen in diesen Gefängnissen auf der Tagesordnung.

Selbst wenn die jungen Leute nicht an Menschenhändler, sondern an reguläre Schlepper geraten, drohen ihnen viele Gefahren: Bei der Saharadurchquerung werden die Migrantinnen und Migranten auf überfüllten Ladeflächen transportiert. Sie erleiden Unfälle, Stürze, Erkrankungen, Hitzschläge, sie verdursten. Manchmal wird das Trinkwasser mit Diesel versetzt, damit die Passagiere nicht zu viel trinken, denn Trinkwasser ist für die Schlepper tote Last, die keinen Profit bringt.

An der Küste werden sie in abgelegenen Hallen (Fermes) festgehalten, bis die Boote bereitstehen. Dort herrschen Hunger und Gewalt. Frauen werden häufig sexuell missbraucht.

Dass das Besteigen der Boote mit Zwang und Drohungen abläuft, wurde schon zuvor ausgeführt. Die Boote sind oft seeuntauglich, der Sprit reicht nicht bis zum Ziel und es fehlt den Reisenden an Navigationskenntnissen, um den Weg zu finden.

Auch Westafrikanerinnen und Westafrikaner nutzen die Route durch Libyen und setzen sich so den gleichen Gefahren aus wie die Menschen vom Horn von Afrika. Ihre Migration beginnt relativ billig und problemlos, denn sie können innerhalb der Westafrikanischen Wirtschaftsgemeinschaft (ECOWAS) ohne Pass und mit öffentlichen Verkehrsmitteln reisen. So gelangen sie per Linienbus bis Agadez, eine Stadt in Niger am Südrand der Sahara, die schon immer Ausgangsort für Karawanen war und heute eine Drehscheibe der Wanderungsbewegungen von Westafrika nach Europa ist. Von dort fahren Tag um Tag Lkws und Kleinlaster mit Reisenden aus vielen Teilen Afrikas Richtung Norden. In Libyen erwartet sie das gleiche Schicksal wie die Eritreer und Somalier.

NIGERIANERINNEN UND NIGERIANER

Die irreguläre Migration nigerianischer Staatsbürger unterscheidet sich in zwei Aspekten sehr drastisch von allen anderen großen Migrationsbewegungen nach Europa. Erstens wird die Migration fast ausschließlich von Menschenhändlern organisiert, während Schlepper kaum eine Rolle spielen. Zweitens zielen die Drahtzieher oder Drahtzieherinnen hauptsächlich auf junge Frauen ab, während Männer als Opfer eine untergeordnete Rolle spielen.

Hauptbrennpunkt ist die Provinz Edo-State im Süden des Landes, wo sich seit Jahren Menschenhändlerringe etabliert haben. In erster Linie werden junge Frauen durch Job- und Studienangebote angelockt. Die Verbindungsleute dieser Ringe suchen gezielt nach Frauen, die in prekären Situationen leben, sei es in Armut oder ohne elterlichen Schutz. Man verspricht ihnen, dass die Reise sie nichts kosten würde. In Europa könnten sie ihre Schulden von rund 35.000 Euro durch »ein wenig« Arbeit beziehungsweise Sexarbeit abbauen. Ein Betrag von 35.000 erscheint den jungen Frauen nicht hoch, denn in der Landeswährung Naira entspricht das einem Wert von unter hundert Euro. Die Paritätsunterschiede sind vielen nicht geläufig, und sie wissen nicht, dass sie sich in jahrelange Abhängigkeit begeben.

Zur Bekräftigung wird der Pakt mit einem Juju-Eid besiegelt, einer magischen Zeremonie, bei der das Opfer schwört, alle Schulden zu begleichen. Bei einem Meineid würde ein Fluch aktiviert, der schreckliches Leid und einen qualvollen Tod über das Opfer und seine Angehörigen bringen würde.

Die jungen Frauen reisen mit einer Führerin (Madame) und müssen schon während der Reise Sexarbeit leisten. In Europa landen sie im brutalsten Segment der Prostitution und sind ihrer »Madame« ausgeliefert, denn diese allein bestimmt, wann die Schulden getilgt sind. Weglaufen können diese Frauen nicht, weil sie keine Papiere haben und sich vor den Folgen eines Eidbruches fürchten.

Bei der Migration der nigerianischen Männer spielen selbst ernannte evangelikale Prediger eine große Rolle. Sie überzeugen die jungen Männer, dass jede Form des Geldverdienens gottgefällig sei – selbst der Drogenhandel oder die Zuhälterei – solange sie zehn Prozent ihres Verdienstes (Tithe) an die Glaubensgemeinschaft abliefern. Sie werden nach Europa zu einer »Partnerkirche« gebracht, deren »Pastor« sie überwacht und anleitet und die Abgaben einhebt.

Die Anwerbungen von Männern und Frauen in Nigeria laufen meist über Direktkontakte, auf Facebook gibt es nur wenige Angebote.

SEENOTRETTUNG

ZENTRALES MITTELMEER, DIE TÖDLICHSTE ROUTE NACH EUROPA

Nichts illustriert besser, wie abgestumpft Europa gegenüber dem Sterben im Mittelmeer geworden ist, als die Reaktionen der Politiker auf Vorfälle mit Flüchtlingsschiffen. Am 3. Oktober 2013 kenterte ein Boot mit über 500 Eritreern, Somaliern und Ghanaern vor der italienischen Insel Lampedusa. Mehr als 360 Männer, Frauen und Kinder kamen dabei ums Leben. Nur eine Woche später, am 11. Oktober, sank ein weiteres Boot mit mehr als 200 Passagieren an Bord. Insgesamt wurden 393 Leichen geborgen, mehr als 50 Personen gelten bis heute als vermisst. Nur 302 Menschen konnten gerettet werden. Beide großen Bootsunglücke sollten nur den Beginn einer langen Liste von ähnlichen Katastrophen darstellen. Die Boote kamen aus Libyen, jeder der Passagiere hatte rund 3000 Dollar für die Überfahrt bezahlt. Nach Abzug aller Kosten ergab das einen Reingewinn von ungefähr zwei Millionen Dollar für die Schlepper und ihr Geschäft mit dem Tod.

Kurzfristig befand sich Europa im Schockzustand. Papst Franziskus, der schon im Sommer davor bei Lampedusa einen Kranz ins Meer geworfen hatte, um der Ertrunkenen zu gedenken, rief dazu auf, für die Todesopfer zu beten.

Politiker überschlugen sich mit Aussendungen und Tweets. Europa werde niemals zulassen, dass das Mittelmeer zum Massengrab wird, hieß es. EU-Kommissarin Cecilia Malmström sprach von einem Weckruf für Europa und forderte die Mitgliedsstaaten auf, Solidarität zu zeigen, um die Flüchtlingsproblematik gemeinsam zu bewältigen. Der damalige italienische Innenminister sprach von einer »immensen Tragödie«, die sich nicht wiederholen dürfe, und der Premierminister kündigte ein Staatsbegräbnis für die Todesopfer an.

António Guterres, damals Leiter der UN-Flüchtlingsagentur UNHCR, rief die europäischen Staaten zu koordinierten Rettungsmaßnahmen auf und forderte rasche Asylverfahren sowie eine Verteilung der Schutzberechtigten in der EU.

Aus dem Staatsbegräbnis wurde nichts, die Leichen wurden auf verschiedene Friedhöfe verteilt und oft ohne Zeremonie verscharrt. Später wurde auf Sizilien nur eine Trauerfeier abgehalten. Ebenso wenig Wirkung hatten alle anderen Ankündigungen. Der Schock war eben nur von kurzer Dauer. Die vielen Tweets verhallten. Malmströms »Weckruf« weckte niemanden und kein Staat erklärte sich bereit, Mitverantwortung zu übernehmen. Auf den vom UNHCR eingeforderten Aufteilungsschlüssel für die Flüchtlinge wartet man noch heute.

Nur Italien zog Konsequenzen aus dem Unglück und rief schon nach einer Woche, am 18. Oktober 2013, die Operation Mare Nostrum ins Leben. Bis zu 1000 Mann der Marine und Küstenwache führten diese Operation ein Jahr lang am Wasser und aus der Luft durch. Sie hatten ein zweifaches Mandat: die Seenotrettung im Meeresabschnitt zwischen Sizilien und Syrien sowie die Bekämpfung des Schlepperunwesens.

Die erste Aufgabe gelang in beeindruckender Weise. Nach Angaben der Internationalen Organisation für Migration (IOM) wurden rund 150.000 Personen durch Mare Nostrum gerettet. Rund 3200 Menschen kamen in dieser Zeit trotz der Rettungs- und Überwachungsaktion ums Leben, doch ohne die Operation wären es mit Sicherheit viele mehr gewesen.

Was das Schlepperunwesen betrifft, war Mare Nostrum weitaus weniger erfolgreich. Ja, die Operation erzielte sogar einen gegenteiligen Effekt. Die Schlepper begriffen, dass die Boote nicht aus eigener Kraft italienischen Boden erreichen mussten, sie sollten lediglich in internationale Gewässer gelangen. Daher verwendeten sie immer schlechtere – daher auch billigere – Boote. Sie kauften sogar ausgemusterte, seeuntaugliche Fischkutter auf und reduzierten auf diese Weise ihre Auslagen. Den Motor betankten sie nur mit gerade so viel Treibstoff, dass die Boote sich weit genug von der libyschen Küste entfernen konnten, bevor sie stehen blieben. Dafür pferchten sie ein Vielfaches der zugelassenen Zahl an Passagieren auf die Boote und ihre Profite stiegen weiter an.

Auf solchen Überfahrten dürfen die Menschen weder aufstehen noch sich stark bewegen, um die Boote nicht zum Kentern zu bringen. Die Notdurft müssen sie auf ihren Sitzplätzen verrichten. Wer seekrank wird, erbricht sich auf seinen Schoß. Bei der Ankunft sind die Passagiere erschöpft und halb verdurstet. Ihre Haut ist verbrannt von Sonne und Salzwasser und der Gestank ist unerträglich. Wer sich von der Skrupellosigkeit der Schlepper überzeugen will, braucht nur am Hafen von Lampedusa die Wracks zu besichtigen, die dort aufgetürmt liegen.

Ein Offizier der Guardia Costiera von Lampedusa erklärte der Autorin im Sommer 2014 den Ablauf der Rettungsaktionen folgendermaßen: »Die Schlepper zwängen die Menschen in die Boote und drücken einem der Passagiere ein Telefon mit Navigationsfunktion und der eingespeicherten Nummer der Seenotrufzentrale in Rom in die Hand. Sie weisen den Passagier mit dem Telefon an, erst anzurufen, wenn der Motor stillsteht. Rom leitet jeden Notruf sofort an alle Schiffe in diesem Meeresabschnitt weiter, und unser nächstliegendes Schiff nimmt Kurs auf die Unglücksstelle. Es kann aber Stunden dauern, bis wir ein Boot erreichen. Bei Schlechtwetter ist das eine Frage von Leben und Tod. Wir tun hier, was wir können.«

Italien rettete die Menschen und brachte sie an Land, doch die Operation war ausgesprochen kostenintensiv, und kein anderer EU-Mitgliedsstaat erklärte sich bereit, eine größere Zahl an Personen aufzunehmen. Daher stellte die römische Regierung die Operation Mare Nostrum Ende Oktober 2014 ein.

Nach der hocheffizienten italienischen Seenotrettung übernahm nun die EU das Ruder und stoppelte ab November 2014 die Operation Triton zusammen. Diese wurde unter der Ägide der Grenzschutzagentur Frontex abgewickelt, war kleiner und schlechter budgetiert als Mare Nostrum und auf freiwillige Unterstützung mit Sachleistungen und Personal aus Mitgliedsstaaten angewiesen.

Nur ein Jahr nach den beiden großen Schiffskatastrophen, als die Politik noch alle Register gezogen hatte, um das Sterben im Mittelmeer zu beweinen, ging es längst nicht mehr darum, Migrantinnen und Migranten vor dem Tod zu bewahren. Das Mandat der Operation Triton lautete vielmehr »Migrationsmanagement«. Das Bekenntnis zur Seenotrettung war lediglich das Feigenblatt, das den eigentlichen Zweck der Operation verdecken sollte, nämlich eine verstärkte Kontrolle und Migrationsabwehr an Europas blauer Südgrenze.

Triton wurde im Jahr darauf durch die militärische Operation der EUNAVFOR Med (EU Naval Force Mediterranean) ergänzt. Den Namen Sophia erhielt dieser Marineeinsatz, nachdem ein Schiff im August 2015 eine Hochschwangere gerettet hatte. An Bord kam darauf die kleine Sophia zur Welt, die zur Namensgeberin wurde. Aufgabe der Operation Sophia war es allerdings nicht in erster Linie, Leben zu retten, sondern Schleppernetzwerke zu zerschlagen. Ein nicht ganz nachvollziehbarer Einsatzbefehl, denn wer versteht, wie diese Netzwerke vorgehen, muss wissen, dass man sie nicht im Mittelmeer zerschlagen kann, sondern nur dort, wo sie Kunden anwerben und Boote aufkaufen und Zahlungen entgegennehmen. Die Schlepper sind schlau genug, sich nicht selbst in ihre Todesboote zu setzen.

Der an der Universität Leiden tätige Politologe Eugenio Cusumano geht so weit, die Operation Triton und deren Nachfolgeprojekte als »organisierte Scheinheiligkeit« (organized hypocrisy) der Europäischen Union zu bezeichnen. Cusumano untermauert seine Einschätzung durch eine Gegenüberstellung der Öffentlichkeitsarbeit und der tatsächlich durchgeführten Aktionen bis Juni 2017. Humanitäre Interventionen wurden demnach in 60 bis 70 Prozent der Presseaussendungen thematisiert, während Aussagen zur Grenzsicherung einen geringeren Teil der PR ausmachten. In der Realität aber zeichneten Triton und später Sophia nur für rund ein Viertel der Seenotrettungen im Mittelmeer verantwortlich, während die italienische Küstenwache, Marine und Polizei 2015 und 2016 nach wie vor den Großteil der Rettungen vornahmen. Die EU-Operationen im Mittelmeer gerieten zunehmend in die Kritik, weil ihre Anstrengungen zur Seenotrettung unzureichend waren.

Wiederholt berichteten Flüchtlinge, dass sie in Sichtweite von Militärschiffen um Hilfe gerufen hatten, aber ignoriert wurden. Auch andere Kapitäne folgten diesem Beispiel. Aufrufe der Rettungszentrale in Rom, Boote in Seenot zu retten, wurden von in der Nähe befindlichen Schiffen ignoriert, obwohl internationales Seerecht alle Schiffsführer und Besatzungen verpflichtet, Menschen, die auf See in Lebensgefahr angetroffen werden, zu retten und nach Vermissten zu suchen. Es gab sogar Berichte, wonach Schiffe im Umkreis von Flüchtlingsbooten ihr Radarsignal abschalteten, damit man sie nicht zu Hilfe rufen konnte.

Die Zahl der Bootsflüchtlinge im zentralen Mittelmeer lag in den Jahren 2014 bis 2016 bei 150.000 bis 180.000 im Jahr.

Die Zahl der jährlichen Todesopfer wurde nun nicht mehr in Hunderten gezählt, sondern in Tausenden. 2014 und 2015 kamen je 3200 Personen ums Leben, 2016 waren es fast 4600.

Diese hohe Todesrate rief freiwillige Helferinnen und Helfer und Nichtregierungsorganisationen auf den Plan. Ab 2016 wurden NGO-Rettungsschiffe im Mittelmeer aktiv und retteten mehr Menschen als alle anderen Akteure. Zu den Hilfsorganisationen der ersten Stunde zählten Migrant Offshore Aid Station (MOAS), Ärzte ohne Grenzen, Sea-Watch, SOS-Méditerranée, Sea-Eye, Pro-Activa Open Arms, Jugend Rettet, das Lifeboat Project, die Boat Refugee Foundation, Rettet das Kind sowie die Mission Lifeline. Schon von Anfang an warf man den NGOs vor, sie würden einen Sogfaktor darstellen und die Überfahrten provozieren. In Wirklichkeit gab es die Überfahrten, bevor die NGOs kamen. Diese haben nur die von Mare Nostrum hinterlassene Lücke gefüllt, weil die EU nicht willens oder nicht fähig war, Menschen vor dem Tod zu bewahren.

Wer aber in ein komplexes Problemgefüge eingreift, kann auch unerwünschte Wirkungen erzielen. Je wackeliger die Flüchtlingskähne wurden und je früher sie in Seenot gerieten, desto näher rückten die NGO-Schiffe an die libysche Küste. Das wiederum nahmen die Schlepper zum Anlass, noch schlechtere Boote abzufertigen und so schaukelte sich die Situation auf, bis einige NGOs fast schon innerhalb der libyschen Hoheitsgewässer operierten. Sie wollten die Menschen retten, doch viele europäische Politikerinnen und Politiker warfen ihnen vor, sich auf diese Weise zu Komplizen der Schlepper gemacht zu haben. Doch werden hier Ursache und Wirkung vertauscht. Die Flüchtlinge wurden nicht von den NGOs »angelockt«, sondern sie fuhren, weil es in Nordafrika Angebot und Nachfrage nach irregulären Seequerungen gab.

Die NGO-Boote sprangen bei der Seenotrettung ein, zu der eigentlich die Küstenstaaten nach internationalem Seerecht verpflichtet gewesen wären. Auch die Zahlen sprechen eine andere Sprache. Die Ankünfte über das Mittelmeer in Italien nehmen seit dem Höhepunkt im Jahr 2016 und seit dem Auftauchen der NGO-Schiffe kontinuierlich ab. 2016 kamen noch 181.000 Personen per Boot an, 2019 waren es 11.000.

Wiederholt wurden Vorwürfe über eine direkte Kollaboration zwischen Schleppern und privaten Rettungsinitiativen laut. Solche Anschuldigungen sollen erstmals in einem internen Frontex-Papier erhoben worden sein und wurden dann von mehreren europäischen Politikerinnen und Politikern aufgegriffen. Selbst der damalige österreichische Außenminister Sebastian Kurz bezeichnete im März 2017 bei einem Besuch der Frontex-Mission im Mittelmeer die Rettungsaktionen als »NGO-Wahnsinn«, der aufhören müsse. Er behauptete, es gebe viele NGOs, die »Partner der Schlepper« seien. Kurz stand mit dieser Meinung nicht allein da. Insgesamt wurden 18 Ermittlungsverfahren gegen NGOs angestrengt, doch konnte nie ein Beweis für ein solches Zusammenwirken erbracht werden.

2016/17 war es immer noch Italien, das die meisten Geretteten aufnahm, doch formierte sich im Land der Widerstand zweier immer stärker werdender Oppositionsparteien, der rechtsnationalistischen Lega und der populistischen Fünf-Sterne-Bewegung. Wortführer der Anti-Migrationsrhetorik war Lega-Vorsitzender Matteo Salvini.

Ab 2017 trat ein zusätzlicher Akteur im Mittelmeerdrama immer selbstbewusster in Erscheinung: die libysche Küstenwache. Schon seit 2014 finanziert die EU acht verschiedene migrationspolitische Programme in Libyen und hat dafür insgesamt 318 Millionen Euro aufgewendet. Im Sommer 2017 beschloss auch die linksliberale italienische Regierung, der libyschen Küstenwache mit zwei Schiffen sowie technischer und logistischer Unterstützung unter die Arme zu greifen.

Ebenfalls seit 2017 unterstützt die EU die libysche Küstenwache direkt mit Geldzuwendungen. 2019 sickerte ein internes EU-Papier durch, aus dem hervorging, dass libyschen Milizen über 90 Millionen Euro ausgezahlt worden waren, »um den Grenzschutz zu stärken«. Die EU habe demnach keinerlei Kontrolle darüber, wie diese Mittel verteilt würden.

Die Begründung der EU für die Zusammenarbeit mit dieser einen bewaffneten Formation unter vielen in Libyen lautet, dass mehr Menschenleben gerettet würden, wenn man Abfahrten verhindern könnte. Tatsache ist jedoch, dass Libyen zurzeit für schwarze Menschen der gefährlichste Ort der Welt ist (wie an anderen Stellen in diesem Buch ausgeführt wird). Wer kann, versucht sich vor Versklavung, Gefangennahme, Lösegeldforderungen und Folter zu retten, und der einzig gangbare Weg ist die Flucht über das Mittelmeer. Wer Menschenleben retten will, muss daher geografisch früher ansetzen als in Libyen.

Im Sommer 2018 verschärfte sich die Situation weiter, als in Italien eine Koalition aus Lega und Fünf-Sterne-Bewegung an die Macht kam. Salvini wurde Innenminister und ging mit beispielloser Härte gegen Rettungsschiffe vor. Er verweigerte die Landung, kriminalisierte die Rettung von Menschenleben und ließ sogar Rettungsschiffe beschlagnahmen. Immer öfter bleiben seither NGO-Schiffe mit Hunderten Geretteten wochenlang auf hoher See, ohne anlanden zu können, obwohl viele der Geretteten an Bord oft verletzt, krank und traumatisiert sind. Auch Handelsschiffen oder Skippern, die auf See schiffbrüchige Menschen angetroffen und vorschriftsgemäß gerettet hatten, wurde die Landegenehmigung verwehrt.

Weltweites mediales Aufsehen erregte Salvinis Schlagabtausch mit der deutschen Kapitänin und Menschenrechtsaktivistin Carola Rackete im Sommer 2019. Sie hatte mit ihrem Schiff »Sea-Watch 3« vor der libyschen Küste 53 Flüchtlinge und Migranten gerettet. Die Behörden gestatteten lediglich die Evakuierung von 13 Kranken und Verletzten, verweigerten dem Schiff aber wochenlang die Landegenehmigung. Trotz des Verbots lief die Kapitänin am 29. Juni im Hafen von Lampedusa ein. Rackete wurde festgenommen und unter Hausarrest gestellt. Diese Maßnahme wurde sehr zum Missfallen Salvinis schon nach drei Tagen von einer Untersuchungsrichterin aufgehoben.

Es war übrigens nicht das erste Mal, dass die »Sea-Watch 3« in dramatische Ereignisse verwickelt war. Schon im November 2017 machte die damalige Besatzung des Rettungsschiffs von sich reden, als sie eine von der libyschen Küstenwache sabotierte Rettungsaktion dokumentierte. Ein Schlauchboot mit 100 Menschen an Bord war in Seenot geraten und setzte einen Notruf ab, der von der Notrufzentrale in Rom wiederum an alle Schiffe in der Nähe weitergeleitet wurde. Die »Ras Jadir« der libyschen Küstenwache traf als Erste ein. Eine spätere Rekonstruktion der Vorgänge ergab, dass 15 Personen schon ertrunken waren, als die Libyer ankamen. Entgegen allen Regeln der Seenotrettung näherten sie sich dem Schlauchboot mit hoher Geschwindigkeit, was einen so hohen Wellengang erzeugte, dass noch mehr Menschen über Bord gingen. Die Ertrinkenden schrien um Hilfe, doch die Küstenwache sah nur zu und filmte das Geschehen. Wenige Minuten später kam die »Sea-Watch 3« zur Unglücksstelle, ließ kleine Schnellboote zu Wasser und startete mit der Rettungsaktion. Daraufhin begann die libysche Küstenwache die Retter zunächst mit harten Gegenständen zu bewerfen, um die Aktion zu behindern. Die »Ras Jadir« hatte ein Rettungsboot an Bord, doch es blieb ungenutzt. Angeblich war es kaputt – auch kein Ruhmesblatt für eine Küstenwache, die einem Notruf Folge leistet. Mindestens vier weitere Menschen ertranken in dem Chaos. Zu guter Letzt warfen einige Besatzungsmitglieder der »Ras Jadir« doch noch halbherzig Rettungswesten ins Wasser, ohne viel Erfolg. Für den mit EU-Geldern finanzierten »verstärkten libyschen Grenzschutz« geben solche Vorfälle kein gutes Bild ab.

Ab 2018 zogen sich die Schiffe von Sophia und Triton immer weiter von der libyschen Küste zurück, während gleichzeitig die Küstenwache ihren Aktionsbereich ausweitete und seither auch in internationalen Gewässern operiert. Flüchtlingsboote werden geentert und nach Libyen zurückgeschleppt. NGO-Schiffe werden auch in internationalen Gewässern bedroht und an Rettungsaktionen gehindert. In Libyen werden die aufgegriffenen Bootsflüchtlinge wieder in die überfüllten, von Hunger, Krankheit, Folter und Vergewaltigung geprägten Internierungslager gesteckt – ein klarer Verstoß gegen die Menschenrechte.

Erst Ende Juli 2020 legte das UN-Flüchtlingshilfswerk UNHCR eine Dokumentation über die Gefahren vor, die Flüchtlingen und Migrantinnen und Migranten vor allem in Libyen drohen. Es ist die erste systematische Erfassung von Menschenrechtsverletzungen entlang der Mittelmeerroute. 2018/19 wurden 16.000 Personen an 21 Orten in Afrika und Europa interviewt und ihre Aussagen abgeglichen. Sie wurden befragt über Todesfälle, Entführungen und körperliche sowie sexuelle Gewalt, die sie erlebt oder beobachtet haben.

Die Studie ergab, dass im Schnitt 60 Personen pro Monat ermordet werden oder, zu einem geringeren Teil, durch Unfälle und Krankheiten zu Tode kommen. Die meisten Morde geschehen in der südlichen Sahara oder in Libyen.

Sexuelle Gewalt in unsagbar grausamer Form wird hauptsächlich von Mitgliedern der Menschenhändlerringe ausgeübt. Vergewaltigungen finden meist öffentlich statt, oft mit Gegenständen, die auf brutalste Weise in Körperöffnungen eingeführt werden. Diese Vergewaltigungen dienen zur Unterhaltung der Kriminellen und zur Demütigung und Einschüchterung der Flüchtlinge und Migrantinnen und Migranten.

Die nicht sexualisierte Folter ist hingegen der bevorzugte Modus Operandi der vielen Milizen in Libyen. Die Art der physischen Gewalt reicht von Schlägen mit Stöcken und Rohren über Elektroschocks bis hin zu Verbrennungen mit heißem Öl. Hier geht es ebenfalls um Einschüchterung und um Lösegelderpressung.

UNHCR nahm den Bericht zum Anlass, neuerlich an die europäischen Staaten zu appellieren, den Rückführungen von Schutzsuchenden nach Libyen ein Ende zu setzen. Einen Tag vor Veröffentlichung dieses Berichts wurde übrigens bekannt, dass die libysche Küstenwache drei Sudanesen gleich beim Aussteigen aus einem zurückgeschleppten Boot erschoss, weil sie sich nicht wieder in ein Internierungslager stecken lassen wollten.

Internationale Beobachter haben wiederholt darauf hingewiesen, dass die korrupte libysche Küstenwache ein doppeltes Spiel spielt. Sie verdient an den europäischen Zuwendungen, schneidet aber auch beim Menschenschmuggel mit. Europa bezahlt also die Profiteure genau jenes Phänomens, das eigentlich bekämpft werden soll.

Im Februar 2018 wurde die Operation Triton durch die Operation Themis abgelöst. Der Europäische Rat schreibt auf seiner Website, dass es Aufgabe der Operation sei, »Leben zu retten und kriminelle Netzwerke zu bekämpfen«. Bei der Grenzschutzagentur Frontex liest sich die Schwerpunktsetzung ein wenig anders. »Die Operation Themis unterstützt Italien mit Grenzschutz- und Überwachungsaufgaben sowie mit Seenotrettung im zentralen Mittelmeer. (…) Die Operation widmet sich dezidiert der Strafverfolgung, während die Seenotrettung eine wichtige Komponente bleibt.«

Über Themis findet man auffallend wenige Informationen. Der Brüsseler Blog B2 beklagte die Intransparenz, die diese Operation umgibt[18]. Sie wurde ohne gesetzliche Grundlage ins Leben gerufen. »Keine zuständige politische Behörde der EU, wie zum Beispiel der Ministerrat, hat eine solche Operation genehmigt. Es wurde keine Entscheidung im Amtsblatt oder in einem anderen Medium veröffentlicht.« Es gebe zudem keine Angaben zu den Kosten oder der Dauer der Operation.

Die zentrale Mittelmeerroute ist nach wie vor die gefährlichste Meerespassage für irregulär reisende Männer und Frauen. Zwischen 2014 und 2019 registrierte Frontex die irreguläre Ankunft von 662.000 Personen auf dieser Route. Im selben Zeitraum kamen mehr als 20.000 Menschen auf dieser Strecke ums Leben. Das bislang tödlichste Jahr war 2019. Jeder 13. Mensch ertrank bei dem Versuch, der Hölle von Libyen zu entkommen.

Heute sind die Tragödien im Mittelmeer den Medien nur noch kurze Meldungen wert. Von der Politik werden sie ohne Kommentar zur Kenntnis genommen.

---

18 http://www.bruxelles2.eu/2018/02/lagence-frontex-est-elle-democratique/ (1.12.2020)

WELCHE MIGRATIONSPOLITIK SICH DIE BETROFFENEN WÜNSCHEN

Moderner Parlamentarismus in Europa ist üblicherweise partizipatorisch. Man holt die Meinung der Hauptbetroffenen ein, bevor man Entscheidungen trifft, egal ob es sich beispielsweise um Schulpolitik oder eine Änderung der Bauvorschriften handelt. Nur in der Migrationsdebatte ist das niemals der Fall, da wird über Köpfe hinweg bestimmt. Dabei haben Migrantinnen und Migranten Ideen, die oft praktischer, realitätsnäher und billiger sind als die in Ministerialstuben erdachten Pläne. In einer von der Autorin geleiteten Studie[19] über die Situation der frankophonen afrikanischen Diaspora in Deutschland und Österreich wurden 2018 erstmals die Betroffenen über ihre Vorschläge für eine nachhaltige Migrationspolitik sowie über sozial verträgliche Rückführungsmaßahmen befragt und unter dem Titel »Der Plan für Europa: Auskommen, Ausbildung, Ausreise – Asylbewerber aus frankophonen Ländern Subsahara-Afrikas in Deutschland und Österreich« veröffentlicht.

Die Flüchtlinge und Migrantinnen und Migranten aus französischsprachigen westafrikanischen Ländern stechen unter den verschiedenen Flüchtlings- und Migrantenpopulationen durch mehrere Besonderheiten hervor. Sie kommen aus der Mittelschicht, sind mehrsprachig, ausgesprochen bildungshungrig und integrationswillig. Allerdings haben Asylwerberinnen und Asylwerber aus diesen Ländern eher geringe Chancen auf

---

19 http://www.transcultural.at/wp-content/uploads/2019/04/TC-Mapping_Report-GER-screen.pdf (19.7.2020)

Schutzstatus, weil die meisten von ihnen aus ökonomischen Gründen nach Europa kommen und weil es in ihren Herkunftsländern kaum oder nur begrenzte Konflikte gibt.

Wir untersuchten die westafrikanische Diaspora vor allem, um sogenannte »gemischte Wanderungsbewegungen« (mixed migration) besser zu verstehen, innerhalb derer Schutzbedürftige im Sinne der Genfer Flüchtlingskonvention gemeinsam mit Wirtschaftsmigranten unterwegs sind. Während es zu anderen Gruppen einige Studien gibt, sind die Migrationshintergründe frankophoner Afrikanerinnen und Afrikaner wenig erforscht.

Die Anerkennungsquote bei afrikanischen Asylwerberinnen und Asylwerbern aus französischsprachigen Ländern ist sehr gering. Die meisten gelten in Europa nicht als schutzbedürftig und haben sehr geringe Chancen auf einen legalen Aufenthaltstitel. Warum investieren sie trotzdem viel Geld und riskieren ihr Leben, um nach Europa zu kommen? Was hatten sie sich vor der Abreise erhofft und was fanden sie hier vor? Nicht zuletzt wollten wir herausfinden, welche Art von europäischer Migrationspolitik und Repatriierungshilfe aus der Sicht der betroffenen Afrikaner sozial verträglich und nachhaltig wäre.

Insgesamt wurden 159 Personen aus 14 Ländern befragt. Es ergab sich, mit Ausnahme der Antworten von Maliern und Malierinnen, ein sehr einheitliches Bild. (In weiten Teilen Malis herrschten bürgerkriegsähnliche Zustände. Daher sind Menschen aus Mali mit größerer Wahrscheinlichkeit Flüchtlinge und nicht Wirtschaftsmigrantinnen und -migranten.)

Die Menschen aus dem Senegal, Kamerun, der DR Kongo, Benin, der Elfenbeinküste, Togo, Burundi, Burkina Faso, der Zentralafrikanischen Republik, Gabun, Gambia und Ruanda hatten sehr ähnliche Geschichten zu erzählen. Der typische frankophone afrikanische Asylwerber in Deutschland und Österreich ist männlich und zwischen 25 und 30 Jahren alt. Seine

Bildung geht bis zum Facharbeiterniveau oder zur Hochschulreife, meist mit formalem Abschluss. In einigen Fällen mussten die Befragten ihre Ausbildung aufgrund finanzieller Probleme abbrechen. Schulen sind teuer und die häufigste Ursache für einen Abbruch ist der Tod des Vaters und Alleinverdieners.

Zunächst bemühen sich die jungen Männer, im eigenen Herkunftsland eine Existenz aufzubauen, aber angemessen bezahlte Anstellungen sind schwer zu bekommen. Jobs im privaten Sektor sind unsicher und schlecht bezahlt, Stellen im öffentlichen Dienst sind meist jenen vorbehalten, deren Familien gute Beziehungen zur Elite haben. Einige der Befragten versuchten, sich mit kleinen Unternehmen selbständig zu machen, aber willkürliche Steuerforderungen und undurchsichtige bürokratische Regelungen zwangen sie zur Aufgabe. Überhaupt zog sich die Kritik an den eigenen Regierungen, ihre Korruption und Vetternwirtschaft sowie der Mangel an Rechtssicherheit für die Mittelschicht wie ein roter Faden durch alle Interviews.

Es ist diese Aussichtslosigkeit, die die meisten Männer veranlasste, ihr Land zu verlassen. Typischerweise versuchten sie sich erst in einem anderen afrikanischen Land zu etablieren. Nur wenn das nicht gelang, migrierten sie weiter. Manche bemühten sich erst um Visa und reguläre Einreise, denn dass die Reise gefährlich ist, war ihnen durchaus bewusst. Nur wenn all das nicht funktionierte, wandten sie sich an Schlepper, um nach Europa zu gelangen. Sie zahlten entweder für eine Bootsüberfahrt oder kauften gefälschte Visa und Pässe.

Mit ganz wenigen Ausnahmen hatten die Befragten vor ihrer Abreise weder etwas über »Asyl« gewusst noch strebten sie einen Flüchtlingsstatus an. Erst nach der Ankunft entdeckten sie, dass die Aufenthaltsbestimmungen in Europa viel strenger sind als in der Wirtschaftsgemeinschaft Westafrikanischer Staaten (ECOWAS) und ein Asylantrag die einzige Möglichkeit darstellt, ihren Aufenthalt zu legalisieren. Oft war es die Polizei, die ihnen riet, den Antrag zu stellen.

Männliche frankophone Afrikaner würden mehrheitlich eine Art Gastarbeiterstatus bevorzugen, der es ihnen ermöglicht, einige Jahre in Europa zu leben, sich beruflich weiterzubilden und Geld zu verdienen. Längerfristig wollen sie mit ihren neu erworbenen Qualifikationen und ihren Ersparnissen nach Hause zurückkehren. Sie wollen eine Existenzgrundlage schaffen, die es ihnen ermöglicht, sich und ihre Angehörigen angemessen zu versorgen. Die große Mehrheit der befragten Männer bereute es, nach Europa gekommen zu sein.

Bei den befragten Frauen ergab sich ein anderes Migrationsmuster. Die große Mehrheit der weiblichen Befragten berichtete, dass es persönliche Schwierigkeiten waren, die sie zum Aufbruch bewogen. Sie wurden von Familienmitgliedern unterdrückt oder von außenstehenden Personen verfolgt und bekamen keine Hilfe, wenn sie sich an die Polizei wandten. Einige Frauen sagten, sie hätten gut bezahlte Jobs gehabt und keine wirtschaftlichen Gründe zu migrieren, ausschließlich private. Die wenigen Frauen, die bereit waren, über die Natur dieser Probleme zu sprechen, erwähnten Flucht vor einer Zwangsehe, sexuelle Belästigung oder Drohungen durch Vorgesetzte. Viele Frauen kamen mit Babys und Kleinkindern zu den Interviews. Nach ihren Berichten über den Zeitpunkt ihrer Ankunft in Europa müssen viele auf dem Weg hierher geschwängert worden sein, aber sie sprachen nicht über die näheren Umstände oder die Väter dieser Kinder. Dass entlang der Route Vergewaltigungen eher die Regel als die Ausnahme sind, weiß man aus vielen unabhängigen Quellen.

Zwei Faktoren verursachen den betroffenen frankophonen Afrikanerinnen und Afrikanern außerordentlichen Stress und Frustration: jahrelange Ungewissheit über den Ausgang des

Asylverfahrens und das unproduktive Leben, das sie in Flücht-
lingsheimen führen müssen, ohne die Möglichkeit, für sich
selbst zu sorgen oder Geld an die Familien zu senden. Ein
Interviewpartner formulierte es so: »Daheim haben wir uns
darüber lustig gemacht, Stress sei die Krankheit des weißen
Mannes, und jetzt ist unser eigener Alltag voller Stress.« Sie
haben allesamt das Gefühl, ihre besten Jahre zu vergeuden.

Was ihre Ansichten über das Leben in Deutschland und Österreich betraf, waren die weiblichen Befragten deutlich positi-
ver eingestellt als die Männer. Sie hoben die Menschenrechte,
die Möglichkeit, als Frau ein selbstbestimmtes Leben zu führen
sowie die medizinische Versorgung ihrer Kinder hervor.

Das Bild, das man in Afrika von Europa hat, ist jenem nicht
unähnlich, das europäische Auswanderer im 19. Jahrhundert
von Amerika hatten: Man stellt sich einen Kontinent der unbe-
grenzten Möglichkeiten vor. Jeder bekommt Chancen geboten
und muss sie nur ergreifen und etwas daraus machen. Die befragten Personen fühlen sich von jenen Landsleuten getäuscht,
die vor ihnen in Europa waren und nur Erfolgsgeschichten
verbreiteten. Sie hätten nie über all die Schwierigkeiten gesprochen, nur über die angeblichen Verdienstmöglichkeiten, beklagte einer der Interviewten. Paradoxerweise sind die meisten
Westafrikaner gekommen, um endlich ihren Qualifikationen
gemäß arbeiten zu können. In Europa finden sie sich in einer
Zwangslage wieder, wo sie entweder gar nicht arbeiten dürfen oder – mit oder ohne Arbeitsgenehmigung – im untersten
Lohnsegment unterkommen.

Die Befragten tun wenig dazu, um die Illusionsspirale in
Afrika aufzuhalten, denn was sie selbst nach Hause berichten,
ist ebenfalls geschönt. Einige sagten, sie erzählten nicht die
Wahrheit, weil man ihnen ohnehin nicht glauben würde, andere schämen sich für ihre Lebensumstände und verheimlichen

sie vor der Familie, die enorme Erwartungen in sie hegt. Auch sind die Probleme der Diaspora für die Daheimgebliebenen nicht nachvollziehbar: »Meine Familie glaubt, 15 Euro pro Tag sei ein tolles Gehalt, sagte einer der Befragten. (Zur Illustration: Im Senegal beträgt der monatliche Mindestlohn 140 Euro.) Ein anderer meinte: »Unsere Leute verstehen nicht, wie wir hier leben und leiden. Für sie ist sogar das wenige Geld, das wir schicken können, eine große Hilfe.«

Obwohl sie von Europa enttäuscht sind, fürchten die Betroffenen sich vor einer Abschiebung in die Heimat. Die Aussicht, mit leeren Händen zurückgeschickt zu werden, macht ihnen Angst. Ihre Familie und ihre Freunde würden ihnen das als persönliches Versagen ankreiden. Sie würden von ihrem Umfeld geächtet und hätten unter Umständen auch mit massiven Schulden zu kämpfen. »Ich wusste nicht, wie es sein würde, ich hätte meine Familie nicht in Unkosten gestürzt, wenn ich es gewusst hätte.«

Allen Interviewpartnerinnen und -partnern war durchaus bewusst, dass ihre Chancen auf Asyl sehr gering sind und dass sie wahrscheinlich abgeschoben würden. Jene, die schon alle Rechtsmittel ausgeschöpft haben und deren Asylantrag endgültig abgelehnt ist, warten mit Schrecken auf den Abschiebungstermin. »Sie kommen in der Nacht, um Leute für die Abschiebung abzuholen«, berichtete eine Frau, »das stresst mich so, dass ich nicht schlafen kann.«

Die meisten haben resigniert und sich abgefunden, doch es gibt auch eine Minderheit, die als U-Boote leben. Sie schlafen auf der Straße, kommen manchmal für ein, zwei Nächte bei Bekannten unter und vermeiden Polizeikontrollen, so gut es geht. »Ohne Papiere ist es die reine Hölle.« Dennoch fürchten sie die Schande, mit leeren Händen nach Hause geschickt zu werden, mehr als das Leben in der Illegalität.

Was diese Studie von anderen unterscheidet, war die Frage, die im letzten Abschnitt der Interviews gestellt wurde: »Wenn Sie europäische Politiker in Migrationsfragen beraten könnten, was würden Sie vorschlagen?« Im europäischen politischen Diskurs ist es vollkommen unüblich, Vorschläge zum Migrationsmanagement von den Migrantinnen und Migranten selbst einzuholen. Die Interviewten reagierten daher stets überrascht auf diesen Teil des Gesprächs und bedankten sich sogar explizit bei den Forscherinnen für die Möglichkeit, ihr Wissen und ihre Erfahrungen einzubringen: »Es ist das erste Mal, dass uns jemand nach unserer Meinung fragt«, hörten die Interviewerinnen nicht selten.

Die folgenden Empfehlungen stammen aus den Fokusgruppendiskussionen mit Personen, deren Asylverfahren noch liefen oder gerade abgeschlossen waren, sowie aus Begegnungen mit gut integrierten Mitgliedern der frankophonen afrikanischen Community in Deutschland. Die Forscherinnen waren beeindruckt von der analytischen Schärfe, der Objektivität und dem Realitätssinn, mit dem die Befragten ihre Lage beurteilten, obwohl sie selbst existenziell betroffen sind und sich die Migrationspolitik des jeweiligen Aufnahmelandes direkt auf ihr gegenwärtiges und künftiges Leben auswirkt. Die Vorschläge erscheinen allesamt brauchbar und vernünftig, ungeachtet dessen, inwieweit sie im gegenwärtigen migrationsfeindlichen politischen Klima durchsetzbar sind. Alle aufgelisteten Maßnahmen sind bei Weitem billiger und nachhaltiger als die gegenwärtig von EU-Staaten praktizierten Grenzsicherungen, Seenotrettungen und Abschiebungen, und sie bekämpfen die Wurzeln des Problems. Ein Respondent brachte es auf den Punkt: »Schon um den Preis einer Abschiebung könnte man in Afrika viele Jobs schaffen.«

Hier sind, thematisch geordnet, die wichtigsten migrationspolitischen Vorschläge der Betroffenen aufgelistet.

SENSIBILISIERUNG UND PRÄVENTION IN HERKUNFTSLÄNDERN

- Abschreckungskampagnen europäischer Regierungen sind unwirksam, weil der Hauptgrund für Migration nicht die Attraktivität Europas, sondern Probleme im Heimatland sind.
- Die Schaffung von Arbeitsplätzen würde junge, ausgebildete Afrikaner in ihren Heimatländern halten.
- Statt nur afrikanische Rohstoffe auszubeuten, muss Europa auch in verarbeitende Industrien investieren, wie in Asien.
- Investoren sollten bei Arbeitsbeschaffungsprojekten Korruption verhindern, damit die qualifiziertesten Kandidaten zum Zug kommen, nicht die bestvernetzten.
- Wirtschaftliche Kooperation sollte sich nicht nur auf Städte konzentrieren, sondern auch ländliche Regionen entwickeln. Landflucht ist der erste Schritt zur Migration.
- Statt der Entwicklungszusammenarbeit zwischen Staaten hätten Partnerschaften zwischen europäischen und afrikanischen Kleinstädten und Dörfern eine viel direktere Wirkung. Solche Twinning-Projekte sollten Studien- und Arbeitsaufenthalte in beide Richtungen miteinschließen.
- Afrikanerinnen und Afrikaner brauchen zeitlich begrenzten Weiterbildungsprogramme in Europa, was auch einen Know-how-Transfer bewirken würde.

BEHANDLUNG AFRIKANISCHER ASYLWERBER
IN EUROPA

- Für die Mehrheit der Afrikanerinnen und Afrikaner ist Asyl kein geeignetes Rechtsinstrument, aber die einzige Möglichkeit, ihren Aufenthalt zu legalisieren. Stattdessen brauchen sie zeitlich begrenzte Arbeitsvisa.
- Auch jene, die auf Abschiebung warten, sollten ein wenig Geld verdienen und sich beruflich bilden dürfen, um ihre Rückkehr nachhaltiger zu machen.

RÜCKKEHR- UND
WIEDEREINGLIEDERUNGSPROGRAMME

- Rückkehrhilfe sollte nicht aus Einmalzahlungen bestehen, sondern aus Hilfestellungen für die Existenzgründung zu Hause, zum Beispiel durch Unternehmensberatung und Mikrokredite.
- Reintegrations-Monitoring durch EU-Strukturen sollte sich mindestens über ein Jahr erstrecken, um neue Betriebe vor lokalen Behördenschikanen zu schützen.
- Statt immer nur Standardprojekte in Städten zu fördern, sollten die Geber auch den Mut haben, innovative Geschäftsideen sowie Projekte in entlegenen Gegenden zu unterstützen.
- Eigene lokale Finanzstrukturen der Bevölkerung sollten genutzt und gestärkt werden (zum Beispiel Handyzahlungsverkehr, lokale Sparkassen).

AFRIKANISCH-EUROPÄISCHE BEZIEHUNGEN

- Deutschland und Österreich sollten in der Migrations- und Entwicklungspolitik auf das Wissen der afrikanischen Diaspora zurückgreifen und sich beraten lassen.
- Neuartige Studienprogramme für junge Afrikanerinnen und Afrikaner sollten mit Rückkehrhilfe kombiniert werden, damit die jungen Fachleute nicht in Europa bleiben und kein neuer Braindrain aus Afrika entsteht.

DAS KRISENJAHR 2020
UND SEINE FOLGEN

Es ist fast unmöglich, ein Buch über Migration zu schreiben, das an seinem Erscheinungstermin noch ganz aktuell ist, denn Migrationsbewegungen reagieren schnell und sensibel auf Entwicklungen entlang der gesamten Route. 2020 war es doppelt schwer, mit den Geschehnissen Schritt zu halten.

Alle vorangegangenen Kapitel dieses Buches wurden im Frühjahr 2020 verfasst und im Sommer aktualisiert. Doch in der Zwischenzeit hat die Covid-19-Krise die Migrationsflüsse in Umfang und Richtung verändert. Zusätzlich wurde die Migrations- und Solidaritätsdebatte in der Europäischen Union im September neu entfacht, als am 9.9. ein verheerender Großbrand das Flüchtlingslager Moria auf der griechischen Insel Lesbos zerstörte. Rund zwei Wochen später stellte die EU-Kommission einen neuen Migrationspakt vor, im Bestreben, die jahrelange Pattsituation der EU-Migrations- und Flüchtlingspolitik zu überwinden. Dieses Kapitel soll daher ein Resümee des Krisenjahres ziehen und einen Ausblick auf die kommende Entwicklung wagen.

Das Coronavirus hat die wirtschaftlichen und sozialen Lebensbedingungen der Menschen weltweit verändert, auch in den Herkunfts- und Transitländern der gemischten Migration. Während des Lockdowns zu Beginn des Jahres 2020 war die Mobilität global eingeschränkt. Häfen und Landgrenzen waren geschlossen, Flugzeuge blieben auf dem Boden. Auch die irreguläre Migration war sozusagen eingefroren. Die Zahl der Erstasylanträge in Europa sackte im April 2020 auf ein Zehntel des

Vorjahresniveaus ab.[20] Weder zu Land noch zu Wasser konnten Flüchtlinge und Migrantinnen und Migranten weiterkommen.

Diese Erstarrung lässt sich gut am Beispiel Serbiens veranschaulichen. Vor dem Covid-Lockdown befanden sich dort im Schnitt 4000 Personen in Aufnahmezentren. Eine unbekannte Zahl von Menschen hielt sich unregistriert im Land auf, im Transit und in der Absicht, EU-Territorium zu erreichen. Während des Lockdowns wurde es unmöglich, sich unbemerkt fortzubewegen. 5000 Personen wurden von der serbischen Polizei aufgegriffen und in Aufnahmezentren verbracht, die sie nicht verlassen durften. Als die Zentren nach Ende der Restriktionen wieder geöffnet wurden, setzte sofort ein Massenexodus ein und die Belegzahlen pendelten sich wieder auf das übliche Vor-Covid-Niveau ein.

Die meisten Flüchtlinge, Migrantinnen und Migranten ziehen aus Serbien nach Bosnien-Herzegowina weiter und versuchen von dort nach Kroatien zu gelangen. Schon im Spätsommer funktionierte das System wieder wie vorher. Es ist ein gutes Geschäft für viele lokale Helfer. Die Reisewilligen schaffen es nach einigen Hindernissen doch nach Kroatien, wo sich inzwischen eine Art Amateur-Schleppertum etabliert hat. Lokale Kleinkriminelle übernehmen die Reisenden an der bosnischen Grenze und bringen sie entweder zum Übernachten in abgelegene Unterkünfte im dünn besiedelten Distrikt Gorski kotar oder sie transportieren sie ohne Aufenthalt quer durch Kroatien von der südlichen zur nördlichen Landesgrenze. Die Tatsache, dass die Gelegenheitsschlepper ganze Busladungen abholen und Zieladressen genannt bekommen, weist deutlich darauf hin, dass sie im Auftrag von größeren Netzwerken, sozusagen als deren Subunternehmer, handeln.

20 https://fra.europa.eu/en/news/2020/migration-covid-19-continues-cause-hardship-migrants-and-deprives-children-access (22.10.2020)

Die kriminelle Energie der Helfershelfer ist nicht eben proportional zu ihrer Professionalität. Anfang September 2020 wurde beispielsweise ein gemieteter Bus auf der Autobahn Zagreb–Rijeka aufgehalten, dessen Fahrer betrunken war und nicht einmal einen Busführerschein besaß. Er hatte neunzig Pakistanis, Afghanen und Bangladeschis an Bord und sollte für seine Dienste vom Auftraggeber 5000 Euro erhalten. Ein anderer, unter Drogen stehender Mann verwechselte zwei ähnlich klingende kroatische Ortsnamen. Eigentlich hätte er seine Passagiere in eine geheime Unterkunft im abgelegenen waldigen Hinterland der Adriaküste fahren sollen. Er steuerte seinen Kleinbus allerdings in ein kleines Dorf auf die Insel Krk, wo die 24 Fremden sofort auffielen und samt ihrem Chauffeur festgenommen wurden.

Aufgegriffene Kundinnen und Kunden von Schleppern berichteten laut kroatischen Medien im Spätsommer 2020, dass sie selbst für die Durchfahrt durch Kroatien – von der bosnischen bis zur slowenischen Grenze – pro Kopf 1000 Euro bezahlen mussten. Die Reise durch Kroatien und Slowenien bis an die italienische Grenze kostete zu dem Zeitpunkt im Schnitt 2000 Euro.

Regelmäßige Berichte über Aufgriffe von Migrantinnen und Migranten durch die italienische Polizei rund um Udine und Triest belegen ebenfalls, dass die Balkanroute funktioniert. So meldete die italienische Nachrichtenagentur ANSA, dass allein am 21. Oktober 120 illegal eingereiste Personen verhaftet wurden. Wie viele es unerkannt weiter ins Innere der EU schaffen, weiß niemand.[21] Nach der Covid-Pause herrscht auf der Balkanroute also »business as usual«, nur zu höheren Preisen.

Die Mittelmeerroute hat sich durch Covid verändert. Nach einem völligen Stillstand im März nahmen die Bootsüberfahr-

---

21 https://www.infomigrants.net/en/post/28039/over-120-migrants-tracked-down-in-trieste-and-udine (23.10.2020)

ten von der libyschen und tunesischen Küste nach Lampedusa ab April 2020 wieder zu. Schon Mitte Oktober war die Zahl der Ankünfte mit 26.000 zweieinhalbmal so hoch wie im gesamten Jahr 2019 (11.000). Was sich drastisch verändert hat, ist die ethnische Zusammensetzung der Neuankömmlinge. Immer weniger stammen aus typischen Fluchtländern und immer mehr Menschen kommen aus Staaten mit massiver Wirtschaftsemigration: Knapp die Hälfte der hauptsächlich männlichen Bootsmigranten stammen aus Tunesien, Algerien und Marokko. Bangladeschis und Pakistanis machen nahezu 20 Prozent aus, während typische Flüchtlingsherkunftsländer wie Sudan (3,4 Prozent) und Eritrea (1,3 Prozent) erst auf Rang 7 beziehungsweise 13 aufscheinen. Innerhalb der gemischten Migration hat sich der Schwerpunkt demnach deutlich weg von der Schutzsuche hin zur ökonomischen Auswanderung verschoben. In Tunesien war laut österreichischer Wirtschaftskammer schon vor der Covid-Krise jeder dritte junge Mann arbeitslos.[22] 2020 wird die tunesische Volkswirtschaft voraussichtlich um sieben Prozent schrumpfen und die Arbeitslosenzahlen weiter in die Höhe treiben. Die Kennzahlen für Algerien und Marokko sind ähnlich alarmierend. Kein Wunder also, dass die Schlepperindustrie hier eine Möglichkeit sieht, ihren Kundenpool um verzweifelte junge Männer auf der Suche nach einer Existenzgrundlage zu erweitern.

Im Jahr 2020 haben zwei neue Seewege für irreguläre Migration Schlagzeilen gemacht: die Überfahrt von Westafrika auf die Kanarischen Inseln sowie die Überquerung des Ärmelkanals.

Afrikanische Länder, wo viele Menschen als Tagelöhner arbeiten und keine Absicherung durch Arbeitslosenversicherung kennen, wurden wirtschaftlich von den Covid-Maßnahmen schwer getroffen. Die ohnehin schmale Mittelschicht ist viel-

22 https://wko.at/statistik/laenderprofile/lp-tunesien.pdf (22.10.2020)

fach in die Armut abgerutscht, was den Auswanderungsdruck erhöht. Dass die alte Route durch Libyen für schwarze Menschen lebensgefährlich ist, hat sich mittlerweile herumgesprochen, und so suchen Westafrikaner nach anderen Möglichkeiten, EU-Territorium zu erreichen. Zwischen Januar und August 2020 hat sich die Zahl der Meeresüberfahrten von der afrikanischen Küste zu den Kanarischen Inseln im Atlantik mehr als verfünffacht. Fast 3500 Personen erreichten eine der sieben Inseln, 239 Personen kamen bei der Überfahrt ums Leben.[23] Dabei nehmen die Menschen längst nicht mehr nur die vergleichsweise kurzen Routen von Marokko und Mauretanien, sondern fahren auch aus den mehr als tausend Kilometer weiter südlich gelegenen Häfen im Senegal und in Gambia ab. Sie sind bis zu fünf Tage in Booten unterwegs, die man keineswegs als hochseetauglich bezeichnen kann.

Der Wirtschaftsschock der Covid-Krise hat den Wunsch nach Emigration aus Westafrika verstärkt, und die Schlepperei ist bekanntlich von Angebot und Nachfrage gesteuert. Angesichts des gestiegenen Interesses sind die Preise im Jahr 2020 von 2400 auf unter 1000 US-Dollar gesunken. Je weniger Zukunftschancen die Menschen im eigenen Land sehen, desto mehr geben sie sich dem Traum von einem besseren Leben in Übersee hin, nicht anders als viele Europäer im 19. Jahrhundert.

Von einer neuen »Fluchtroute« kann man bei der Überquerung des Ärmelkanals schwerlich sprechen. Bis vor einem Jahr waren Migrantinnen und Migranten, die per Boot von Frankreich nach Großbritannien fuhren, eher ein Kuriosum. 2018 gab es knapp 540 dokumentierte Fälle. Andere Wagemutige wurden von der französischen Küstenwache am Ablegen gehindert

---

23 https://www.voanews.com/africa/covid-19-migration-surge-africans-take-more-dangerous-route (22.10.2020)

beziehungsweise zurückgeschleppt. 2019 warf der Brexit schon seine Schatten voraus und der Kontrolleifer der französischen Küstenwache ließ nach, sodass fast 1900 Personen die Insel per Boot erreichen konnten.[24] Seit Februar 2020 gehört Großbritannien nicht mehr zur EU und Frankreich sieht sich nicht verpflichtet, Menschen ohne Aufenthaltsrecht an der Ausreise aus der Europäischen Union zu hindern. Bis Oktober 2020 haben es 7300 Menschen auf Booten bis Großbritannien geschafft. Die britische Regierung appelliert immer wieder an Frankreich, die Boote doch zu stoppen, angeblich nur aus Sorge um das Leben der Passagiere. Paris fühlt sich nicht mehr zuständig.

Wenn Journalisten und NGOs die Neuankommenden nach den Beweggründen fragen, warum sie Frankreich verlassen haben, um nach Großbritannien zu »flüchten«, kommen wenig nachvollziehbare Antworten. Die EU habe kein gutes Asylsystem, Frankreich sei ein rassistisches Land, man suche Sicherheit et cetera. Die Vorstellung der Migrantinnen und Migranten, dass sie in Großbritannien bessere Bedingungen vorfinden würden als in Frankreich oder in anderen EU-Ländern, ist nicht rational argumentierbar.

Tatsache ist, dass sich im Abreiseort Calais seit Langem eine Schleppermafia etabliert hat, die in früheren Jahren den Menschenschmuggel per Lkw dominierte. Sie redet den Betroffenen ein, dass all ihre Probleme mit Polizei und Asylverfahren gelöst sein werden, wenn sie erst einmal in Großbritannien wären. Menschen, die Jahre der Migration und des Leidens hinter sich haben, wollen das gerne glauben und setzen ihre letzte Hoffnung auf diese Überfahrt. Für die dreißig bis vierzig Kilometer lange Strecke zahlen sie pro Kopf zwischen 3500 und 5000 Euro. Frankreich und Großbritannien tragen ihr

---

24 https://en.wikipedia.org/wiki/English_Channel_migrant_crossings_
(2018%E2%80%93present) (22.10.2020)

politisches Hickhack aus, die Schlepper profitieren. Und alle zusammen nutzen die Not und Verzweiflung unglücklicher Menschen für ihre eigenen Zwecke aus.

Auch im Flüchtlingslager Moria auf Lesbos ging es mehr um die Politik als um das Schicksal der Menschen – und zwar vor und nach dem Brand. Die Zustände in den überfüllten Lagern in Griechenland werden seit Jahren von Medien und Hilfsorganisationen angeprangert. Hygienestandards, die Sicherheit der Lagerbewohner, ja sogar ihr Ernährungszustand waren weitaus schlechter als in den meisten Camps in Asien und Afrika. Würden Hilfsorganisationen es wagen, ein Flüchtlingslager in so einem Zustand zu betreiben, wie Griechenland es in Moria tat, würde die EU ihnen alle Fördergelder verweigern. Doch Moria hat die EU stillschweigend in Kauf genommen, um ein abschreckendes Beispiel für nachkommende Asylwerber und Migranten zu setzen. Flüchtlingsorganisationen haben stets vor Katastrophen gewarnt, vor Seuchen, Unruhen oder einem Brand. Dennoch hatte die EU keinen Notfallplan, als das Unglück eintraf und 12.600 Menschen ihre Unterkunft und ihre spärliche Habe verloren. Einige Mitgliedsstaaten erklärten sich bereit, geringe Zahlen von unbegleiteten Jugendlichen oder Familien mit Kindern aufzunehmen. Das ist gut und wünschenswert, aber letztlich keine Lösung des Dauerproblems.

EIN EU-PAKT(ERL) FÜR MIGRATION

Wenige Tage nach dem Brand in Moria legte die EU-Kommission ihren lange angekündigten »Pakt für Migration« vor. Es handelt sich um einen neuerlichen Anlauf, endlich eine gesamteuropäische politische Linie in der Migrationspolitik herzustellen und festgefahrene Positionen aufzuweichen. Ein großer Wurf ist mit dem Vorschlag allerdings nicht gelungen. Sofort wurde von einigen Mitgliedsstaaten lautstark Kritik geäußert, Zustimmung blieb hingegen verhalten und abwartend. Experten halten die Maßnahmen weder für besonders neuartig noch für realistisch durchsetzbar.

2019 wurden in der EU rund 140.000 Asylanträge gestellt, von denen zwei Drittel (93.000) abgelehnt wurden. Abgeschoben wurden aber nur rund 30.000. Es bleiben im Schnitt also mangels funktionierender Rückführungspolitik mehr abgelehnte Asylwerberinnen und Asylwerber in Europa als anerkannte Flüchtlinge. Das ist neben der geografisch ungleichen Verteilung von Asylsuchenden und Flüchtlingen ein Kernproblem der EU im Umgang mit der gemischten Migration.

Der neue Migrationspakt sieht schon beim Grenzübertritt eine intensive fünftägige Vorüberprüfung vor. Dabei sollen nicht nur die Fingerabdrücke der Asylwerberinnen und Asylwerber registriert werden, es sind auch Gesundheits- und Sicherheitsüberprüfungen geplant. Rechtlich soll die Unterbringung in solchen grenznahen Screening-Zentren nicht als Einreise gelten.

Wer aus Herkunftsländern mit geringer Aussicht auf Asyl stammt, wird einem beschleunigten Asylverfahren von maximal zwölf Wochen Dauer unterzogen und rasch abgeschoben, so der Plan. Schnellverfahren werden im Prinzip auch vom UNHCR befürwortet. Doch scheitern sie in der Praxis an der unzureichenden personellen Ausstattung der Asylbehörden und den entsprechend niedrigen Qualitätsstandards bei den Entscheidungen.

Welches Mitgliedsland für die Bearbeitung eines Asylantrags zuständig ist, wird weiterhin durch das ungeliebte Dublin-Verfahren geregelt, das die Länder an der Außengrenze überproportional belastet. Zur Umverteilung sollen nun neue Kriterien eingeführt werden. Asylwerberinnen und Asylwerber, die in anderen EU-Mitgliedsstaaten Geschwister haben, können beispielsweise dorthin transferiert werden. Bisher galt nur die direkte Linie (Eltern–Kinder) als Familienbindung. Dieser Vorschlag wird von den Grenzländern begrüßt, die auf Entlastung hoffen. Er stößt allerdings auf die Ablehnung jener Staaten, die ohnehin schon viele Flüchtlinge haben und erwarten, dass sie durch diese Neuregelung zusätzlich belastet werden.

Für die Umverteilung von Flüchtlingen innerhalb der EU soll es finanzielle Anreize geben. Pro Erwachsenem ist eine Aufnahmeprämie von 10.000 Euro vorgesehen, pro Minderjährigem sogar 12.000 Euro.

Staaten, die sich bislang überhaupt weigern, Asylwerber und Flüchtlinge aufzunehmen, also etwa die Visegrád-Gruppe (bestehend aus Tschechien, Polen, Ungarn und der Slowakei), sollen ebenfalls in die Pflicht genommen werden und stattdessen sogenannte »Abschiebungspatenschaften« eingehen. Kritiker sprechen von einem System »zynischer Solidarität«. Demnach wären diese Patenländer für die Rückführung abgelehnter Asylwerberinnen und Asylwerber verantwortlich, was ganz nach ihrem Geschmack sein sollte. Allerdings hat die Sache einen Haken. Wenn die Rückführung nicht gelingt, was meistens der Fall ist, verbleiben die Betroffenen in den Abschiebepaten-Ländern.

Bei der Seenotrettung will man darauf achten, dass Menschenrechtsstandards nicht verletzt werden – eher eine Selbstverständlichkeit als eine innovative Vorgangsweise würde man meinen.

Der Migrationspakt ist nicht mehr als ein Vorschlag der EU-Kommission, dem erst alle Mitgliedsstaaten zustimmen müssen. Man kann sich also auf viele weitere Jahre einer fruchtlosen Migrationsdebatte in der Europäischen Union einstellen.

SIEBEN THESEN
FÜR EINE EUROPÄISCHE
MIGRATIONSPOLITIK

Die Migrationsdebatte in Europa läuft seit Jahren in eine Sackgasse. Jedes neue Flüchtlingsschiff, das nicht anlegen darf, jedes tragische Kentern von seeuntauglichen Booten führt zu den stets gleichen Wortmeldungen und demselben Tauziehen, ohne dass das Problem als solches einer Lösung näherkäme.

Das liegt daran, dass die Migrationsfrage fast ausschließlich emotional und moralisierend diskutiert wird. Europas Rechtspopulisten haben vor rund zwanzig Jahren entdeckt, wie gut sich Flüchtlinge und Migrantinnen und Migranten als Außenfeind eignen, um die eigenen Reihen zu mobilisieren, Ängste zu schüren und den politischen Gegner zu delegitimieren.

Die von rechten Parteien angebotenen »Lösungen« sind einfach und ideologiekompatibel: mehr Ausgaben für Militär und Polizei, verstärkte Überwachung der gesamten Bevölkerung, Wiederbelebung nationalistischer und autoritärer Ideologeme, Beschädigung der europäischen Integration.

Im Gegenzug verfallen die demokratischen Kräfte im linken und grünen Lager, aber auch viele christlich-soziale und liberale Parteien sowie NGOs in eine gleichermaßen emotionale Tonlage. Es geht darum, den politischen Gegner zu attackieren und seine moralischen Defizite anzuprangern. Jede rationale Diskursethik fehlt, daher entwickeln sich aus der Diskussion auch keinerlei neue Lösungsansätze. Man spricht kaum über die Lage der Betroffenen selbst, sondern prangert an, wie falsch und gefährlich die Meinung der jeweils anderen Seite ist. So präsentiert sich die Migrationsdebatte in den Medien, den Parlamenten und den sozialen Netzwerken als durch und durch eurozentristischer Schlagabtausch.

An den beiden Polen der Diskussion prallen zwei unvereinbare Standpunkte aufeinander: Die einen grölen, dass jedwede Form der Migration gestoppt werden müsse, und führen Sicherheitsbedenken, wirtschaftliche Gründe und angebliche kulturelle Unvereinbarkeiten ins Treffen. Die anderen antworten oft ebenso undifferenziert, propagieren »Open Borders« und sagen, dass jede Person, die ihr Heimatland verlässt, triftige Gründe habe und auf alle Fälle in Europa Aufnahme finden müsse. Beide Extremstandpunkte sind unrealistisch und kontraproduktiv. Die Mehrheit der Europäerinnen und Europäer will durchaus helfen, aber in einem sozial und wirtschaftlich verträglichen Ausmaß. Sie bleiben in diesem Streit ratlos zurück und wünschen sich klare politische Vorgaben.

Die Migrantinnen und Migranten sowie die Flüchtlinge selbst bleiben Komparsen im großen, immer gleichen Reigen abgedroschener Phrasen. Die erschreckende Lage der Migrantinnen und Migranten und Flüchtlinge, die auf den griechischen Inseln quasi deponiert wurden, wird immer nur dann zur Kenntnis genommen, wenn gerade demonstriert wird oder ein Feuer ausbricht, wie in Moria, von dem bereits die Rede war, oder wenn der türkische Präsident Erdoğan droht, die Grenzen zu öffnen und Zehntausende Flüchtlinge und Migrantinnen und Migranten nach Europa durchzuwinken.

Nachdem sich die Hysterie der Jahre 2015/16 langsam legte und der Druck der großen Ankunftszahlen nachließ, hätte man sich von einer verantwortungsvollen politischen Elite gewünscht, dass sie das Zeitfenster nutzt, um die Migrationsfrage endlich ganzheitlich zu analysieren und nach Lösungen zu suchen. Das geschah leider nicht. Griechenland, Italien

Faktoren, die
irreguläre Migration in Gang halten:

und Malta wurden mit ihren Problemen alleingelassen und die Forderung nach einer solidarischen und gleichmäßigeren Umverteilung der Asylsuchenden innerhalb der EU wurde vom Tisch gewischt – sowohl von jenen Ländern, die schon viele Asylwerber aufgenommen hatten und nicht noch mehr nehmen wollten, als auch von jenen, die praktisch keine Flüchtlinge ins Land lassen.

Als im Frühjahr 2020 die Migrationssituation an der griechisch-türkischen Grenze neuerlich eskalierte, war man in Brüssel einem realistischen Lösungsansatz um keinen Schritt nähergekommen. Dann kam Corona und alle anderen politischen Themen, inklusive Migration, wurden auf Eis gelegt.

Die Migration des 21. Jahrhunderts ist ein vielschichtiges Phänomen, das man in allen seinen Facetten verstehen muss, um sie zu steuern. Sie hat wirtschaftliche, politische, soziale und emotionale Aspekte und betrifft die migrierenden Menschen selbst, aber auch die Herkunfts-, Transit- und Aufnahmeländer.

1) Am Anfang von großen Migrationsbewegungen steht entweder ein Mangel an Sicherheit und Menschenrechten (dann werden die Menschen zu Flüchtlingen) oder an Lebensgrundlagen (dann werden sie zu Migrantinnen und Migranten).

Folgen Nach ihrem Aufbruch werden beide Gruppen gleichermaßen Opfer permanenter Ausbeutung, erst durch Schlepper und Menschenhändler, die ein Milliardengeschäft machen, später als billige Arbeitskräfte im Ankunftsland und zuletzt durch die eigene, daheimgebliebene Familie, die überzogene Forderungen nach finanzieller Unterstützung beziehungsweise Rückzahlung der Reiseschulden stellt und am vermeintlichen Wohlstand des Betroffenen teilhaben will.

2) Massenemigration hat tiefgreifende Auswirkungen auf die Herkunftsländer. In vielen Staaten bilden die Rücküberweisungen der Emigrantinnen und Emigranten einen bedeutenden Anteil am Bruttoinlandsprodukt. Auf der Ebene der Empfängerfamilie mag die Finanzhilfe nützlich sein, systemisch aber tragen die Rücküberweisungen von Migrantinnen und Migranten an das Heimatland zum Weiterbestehen der Probleme bei.

Korrupte Regierungen können sich doppelt freuen. Erstens emigrieren genau jene jungen Leute, die sich mit den Zuständen nicht abfinden wollen. Statt zu Hause zu rebellieren, sind sie weit weg, außerdem schicken sie auch noch Geld und finanzieren so die Bildung sowie die Gesundheits- und Altersversorgung ihrer Angehörigen, ohne dass der Staat in Wohlfahrtsmaßnahmen investieren müsste.

Es sind die Emigrantinnen und Emigranten selbst, die den höchsten Preis zahlen, wörtlich und im übertragenen Sinne. Die weitaus meisten interviewten Personen aus Afrika, dem Nahen Osten und Afghanistan, selbst jene, die schon jahrelang in Europa als anerkannte Flüchtlinge leben, sind tief unglücklich mit ihrem Schicksal. Sie fühlen sich ausgebeutet, diskriminiert und um ihre besten Jahre betrogen.

Die Bekämpfung der irregulären Migration muss endlich ganzheitlich angegangen werden und nicht, indem man erst am Ende des Migrationsgeschehens eingreift. Ein in der Migrationsforschung oft verwendetes und leicht fassbares Erklärungsmodell ist die Einteilung in Schubfaktoren, Sogfaktoren und Förderungsfaktoren (push factors, pull factors, enabling factors). Dieses Modell lässt sich sowohl auf Fluchtbewegungen als auch auf Wirtschaftsmigration anwenden und erweist sich als hilfreich bei der Analyse der Probleme. Die folgende Zusammenfassung der drei Einflussfaktoren beruht auf Erkenntnissen aus Hunderten Interviews, die die Autorin in den letzten Jahren geführt hat, insbesondere auf Interviews entlang der Balkanroute im Oktober 2019 und in Malta im Dezember 2019.

Schubfaktoren sind die Auslöser der Migrations- beziehungsweise Fluchtentscheidung. Menschen entschließen sich nicht leichtfertig, alles hinter sich zu lassen und wegzugehen. Sie gehen, wenn ihr Leben und ihre Sicherheit gefährdet sind oder wenn sie keine Zukunftsperspektive für sich sehen. Die Kategorien vermischen sich beim Phänomen der Sekundärmigration. Das ist die Weiterwanderung von Flüchtlingen aus einem Erstasylland in andere Staaten. Das geschieht entweder weil die Versorgung in den Lagern des Erstasyllandes als unzureichend empfunden wird (zum Beispiel bei Syrerinnen und Syrern, die aus dem Irak oder dem Libanon weiterziehen), oder weil die zweite Generation von Flüchtlingen ihr Leben nicht in Lagern verbringen will wie ihre Eltern (zum Beispiel junge somalische und eritreische Flüchtlinge, die die Langzeitlager im Sudan und in Äthiopien Richtung Europa oder Golfstaaten verlassen).

Puee

Zu den Sogfaktoren zählen Rückmeldungen der eigenen Diaspora in sozialen Netzwerken, die ihre Lage in Europa beschönigen und den Eindruck erwecken, dass Europa jedem ein Leben in Wohlstand und Sorglosigkeit ermöglichen würde, was die Erwartungen hochschraubt. Weiters werden von den Betroffenen auch immer wieder Filme und TV-Berichte über Europa als Sogfaktoren genannt, weil darin ebenfalls die Schönheit, Sicherheit und der Wohlstand zu sehen sind. Die Mühen des Asylverfahrens oder die Probleme, eine Aufenthalts- und Arbeitserlaubnis zu erhalten, sind den meisten Neuankommenden nicht bewusst.

Förderungsfaktoren sind Umstände, die es den Menschen erleichtern, zu migrieren. Entgegen einem allgemeinen Vorurteil in Europa sind es nicht die Ärmsten, die bis zu uns kommen, sondern der (untere) Mittelstand, denn man braucht für die Fernmigration ein Mindestmaß an Geldmitteln. Ein weiterer und sehr wichtiger Förderungsfaktor ist das Vorhandensein von Schleppernetzwerken, die den Menschen helfen, Grenzen illegal zu überschreiten oder schwierige Streckenabschnitte wie Wüsten- und Meeresquerungen zu überwinden. (Dass es einen fließenden Übergang zwischen der Dienstleistung von Schleppern und der brutalen Ausbeutung durch Menschenhändler gibt, wurde an anderer Stelle in diesem Buch bereits ausführlich besprochen.)

Die Mehrzahl der interviewten Personen hatte kein bestimmtes Land im Visier, sie wollten nur »nach Europa«, wobei damit Westeuropa gemeint ist. Jene, die ausdrücklich ein Land anpeilen, tun das nach eigenen Angaben meistens, weil sie dort schon Angehörige oder Freunde haben und hoffen, dass ihnen das bei der Integration helfen wird. Viele bleiben auf dem Weg einfach in einem EU-Staat hängen, weil sie wegen der Dublin-Regelung nicht weiter dürfen. (Die Dublin-Regelung besagt, dass Asylwerber dort, wo sie registriert wurden, wo ihnen also die Fingerabdrücke abgenommen wurden, ihr Asylverfahren abwarten müssen. Sollten sie weiterwandern, werden sie immer wieder in diesen Staat zurückgeschoben.)

Auch wenn das von vielen Politikern anders dargestellt wird, steht die Frage, wie viel Sozialhilfe in welchem Land gegeben wird, an letzter Stelle bei der Ziellandauswahl. Wenn Migrantinnen und Migranten und Flüchtlinge überhaupt Informationen über die Höhe der Sozialhilfe in verschiedenen Staaten haben, so beruhen diese nicht auf einer zielgerichteten Recherche der Betroffenen, sondern auf vagen Angaben von Verwandten und Bekannten in Europa.

Von diesen vielen Faktoren, die die irreguläre Migration in Gang halten, konzentriert sich die Politik überproportional auf den letztgenannten, nämlich die soziale Unterstützung, auch wenn die Forschung zeigt, dass dies im Migrationsablauf erst ganz am Schluss eine Rolle spielen mag. Die derzeitige Migrationspolitik beginnt also am falschen Ende des Prozesses und wird wieder und wieder scheitern, wenn man sie nicht endlich vom Kopf auf die Füße stellt.

Dass irreguläre Migration nicht toleriert werden kann und dass Staaten ein legitimes Interesse daran haben, zu kontrollieren, wer warum zuzieht, steht außer Frage. Solange die Politik allerdings an einzelnen Symptomen der Migration herumschraubt, statt sich dem Problem in seiner Gesamtheit zu widmen, wird es keine Lösung geben. Wie die Klimakrise ist die Migrationskrise ein komplexes Phänomen und ihre Bewältigung erfordert eine Vielzahl von verschiedenen Einzelmaßnahmen. Die Zauberformel gibt es nicht. Es braucht Strategien, die sowohl die Situation in den Herkunfts- und Transitländern als auch die politische Verantwortung der Industriestaaten mitberücksichtigen.

Folgende sieben Thesen könnten helfen, die europäische Migrationspolitik in produktivere Bahnen zu lenken, als es derzeit der Fall ist.

THESE 1:
GRENZSCHLIESSUNGEN ALS ZENTRALES MITTEL DES MIGRATIONSMANAGEMENTS VERRINGERN DEN MIGRATIONSDRUCK NICHT, SIE ERHÖHEN IHN

Es ist unrealistisch und teuer, Tausende Kilometer See- und Landgrenzen abriegeln zu wollen. Wer davon profitiert, sind die Sicherheitsindustrie im Westen und die Schlepperindustrie entlang der Route, deren Profite steigen.

An der Migrationsbereitschaft in den Herkunftsländern und an den Aufbruchszahlen ändert das Schließen europäischer Grenzen nichts. Menschen bewegen sich weiterhin in

Richtung Europa, sitzen dann aber in den Randlagen fest. Das Problem wird also nicht gelöst, sondern nur in Staaten verlagert, die wirtschaftlich und politisch weit instabiler sind als die EU. Dort massieren sich die Zahlen von Menschen, die nach Europa aufbrachen und nun in einem Land festsitzen, wo sie gar nie hinwollten.

Die Türkei, letzte Station der Ostmittelmeerroute auf dem Weg nach Europa, ist mittlerweile das Land, das die höchste Zahl an Flüchtlingen weltweit beherbergt, knapp 4,1 Millionen, wovon die weitaus meisten, nämlich 3,7 Millionen, Syrerinnen und Syrer sind. Mit Eigeninvestitionen und Unterstützung aus der EU betreut die Türkei diese Menschen und verhindert, dass sie weiterwandern.

Das andere große Grenzland ist Libyen, der weitaus gefährlichste Ort der Welt für Flüchtlinge. Libyen ist ein von Fraktionskämpfen zerrissenes Land, in dem in weiten Teilen Bürgerkrieg und Anarchie herrschen. Zu den eigenen 355.000 Binnenvertriebenen kommen geschätzte 850.000 Migranten und Asylsuchende. Nur knapp 50.000 sind vom UNHCR registriert, die übrigen 800.000 völlig schutzlos der Willkür bewaffneter Milizen ausgesetzt, die sich teils durch Lösegelderpressungen finanzieren. Freiheitsentzug unter unvorstellbar schlechten hygienischen Bedingungen, Hunger, Durst, Folter und Vergewaltigungen sind die Regel, nicht die Ausnahme. Gefangene, deren Familien das Lösegeld nicht aufbringen können, fristen viele Jahre ein Leben als Sex- und Arbeitssklavinnen und -sklaven, um ihre »Schulden« abzuarbeiten. Auch im Falle Libyens setzt Europa massive Geldmittel ein, um die Migrantinnen und Migranten und Asylwerber abzuwehren. Von 2014 bis 2020 wurden rund 700 Millionen Euro an das Bürgerkriegsland ausgezahlt, davon 455 Millionen im Rahmen eines speziellen »Trust Funds« für Migrationsmanagement.

Wie viel davon direkt an die Milizen geht, ist nicht nachvollziehbar. Auch wenn ein Teil der Mittel an UN-Organisationen ging, bleiben die Gefangenenlager unter der Kontrolle von Milizen, die auch für die »Versorgung« der gefangengehaltenen Migrantinnen und Migranten bezahlt werden sollen. Für die libysche Küstenwache sind Migrantinnen und Migranten mittlerweile eine lukrative Einkommensquelle. 2018 und 2019 hat sie über 90 Millionen Euro für Training und Ausrüstung empfangen. Im November 2019 wurde ein interner EU-Bericht bekannt, in dem beklagt wird, dass die EU keine Kontrolle über die Verwendung der Mittel hat. Nach dem Zusammenbruch des Ölgeschäfts ist die Migrationsindustrie Libyens wichtigste Einkommensquelle.[25]

Diese verfehlte Politik der EU ist nicht nur teuer. Europa macht sich gegenüber fragwürdigen, bewaffneten Gruppen in Libyen und einem autoritären Machthaber im Falle der Türkei erpressbar. Zu einer Lösung des Migrationsproblems trägt diese Politik nicht bei, im Gegenteil.

THESE 2:
JE NÄHER DIE MIGRANTEN SCHON AN EUROPA SIND, DESTO MEHR RISIKEN WERDEN SIE AUF SICH NEHMEN, UM ANS ZIEL ZU GELANGEN

Es ist scheinheilig, wenn Politiker sagen, sie wollten die Routen nach Europa schließen, um Leben zu retten. Menschen, die es bis an die libysche Küste geschafft haben, sind wie Marathonläufer knapp vor dem Ziel, sie haben alles gegeben. Sie haben sich auf viele Jahre verschuldet. Sie haben Angst, Hunger und

---

25 https://ec.europa.eu/neighbourhood-enlargement/sites/near/files/eutf_factsheet_libya.pdf (23.10.2020)

Durst gelitten. Viele sind gefoltert und sexuell missbraucht worden, mussten an diverse bewaffnete Gruppen Lösegeld zahlen, waren vielleicht sogar über längere Zeiträume versklavt. Sie alle waren Zeugen von Todesfällen und Morden. Fast alle Migrantinnen und Migranten, die über Nordafrika kamen, berichten, sie hätten mehr Menschen in der Sahara und von Händen libyscher Banden sterben sehen als im Meer ertrinken.

Jene Flüchtlinge und Migranten, die versuchen, über die Türkei nach Europa zu gelangen, waren nicht den gleichen unvorstellbaren Grausamkeiten unterworfen wie ihre Leidensgenossen in Libyen, aber sie haben große finanzielle Opfer gebracht, haben Entbehrungen gelitten und waren oft monatelang unterwegs in der Hoffnung auf ein besseres und sichereres Leben in Europa.

Die Autorin hat in Bosnien-Herzegowina zahlreiche Migrantinnen und Migranten und Asylsuchende interviewt, die bis zu zwanzigmal versucht haben, über die kroatische Grenze in die EU zu gelangen und jedes Mal aufgegriffen und zurückgeschickt wurden. Sie berichten von brutalen Übergriffen der kroatischen Grenzpolizei und davon, dass man ihnen das Handy und alles Geld, das sie bei sich trugen, abgenommen hat. Dennoch versuchen sie es immer wieder und lehnen es ab, in Bosnien-Herzegowina um Asyl anzusuchen. Sie begründen das damit, dass sie nach allem, was sie erlitten haben, nun so knapp vor dem Ziel nicht aufgeben können.

Solch ein irrationales Verhalten, bei dem man mit Beharrlichkeit ein Vorhaben fortsetzt, auch wenn es offensichtlich mehr Leid und Probleme schafft als dessen Abbruch, wird in der Psychologie und Ökonomie als Trugschluss der versenkten Kosten (sunk cost fallacy) bezeichnet. Wenn man schon sehr viel in einen Plan investiert hat, will man nicht wahrhaben, dass er gescheitert ist, und investiert noch mehr Mühe oder Geld.

Zur Angst vor dem eigenen Scheitern kommt bei Migranten und Asylsuchenden noch der Druck von den Angehörigen zu Hause. Diese haben oft große Opfer gebracht, um die Reise zu finanzieren, und setzen alle Hoffnungen auf das migrierende Familienmitglied. Sie erwarten, dass er oder sie nicht nur die entstandenen Schulden zurückzahlt, sondern die Familie in Zukunft auch finanziell unterstützt.

Aus diesem moralischen Dilemma gibt es aus der Sicht der Betroffenen nur zwei Auswege: nach Europa gelangen oder sterben.

Bevor die Menschen aufbrechen, haben sie den Eindruck, dass sie ohnehin über die Gefahren der Migration Bescheid wüssten, doch bei genauerer Nachfrage stellt sich regelmäßig heraus, dass sie das Ausmaß der Gefährdung weit unterschätzen und auch davon ausgehen, dass sie selbst nicht betroffen sein werden. Die Propaganda der Schlepper tut ein Übriges dazu, um potenziellen Kunden einzureden, die Reise werde einfach, kurz und sicher sein.

Die Aufklärung über die Gefahren der irregulären Migration muss daher viel früher ansetzen als an den Grenzen Europas und sie muss in viel größerem Umfang erfolgen. Es gibt zwar schon einige Aufklärungskampagnen in den Herkunftsländern, die von der EU oder von einzelnen Mitgliedsländern finanziert werden, aber es mangelt ihnen oft an Glaubwürdigkeit und Überzeugungskraft. Warnende Botschaften sind nun einmal viel weniger attraktiv als die Geschichten vom paradiesischen Leben in Europa, die von den Schleppern und der Diaspora verbreitet werden. Sie vermitteln den Betroffenen, dass diese Belohnung jedes Risiko wert ist.

THESE 3:
EUROPA BRAUCHT ZWEI UNTERSCHIEDLICHE SYSTEME, UM WIRTSCHAFTSMIGRATION UND FLÜCHTLINGE ZU MANAGEN

Das europäische Asylsystem ist deswegen so überfordert, weil nicht nur Flüchtlinge, sondern auch Wirtschaftsmigrantinnen und -migranten genötigt sind, ihren Aufenthalt durch Asyl zu legalisieren. Das liegt daran, dass es in Europa, anders als in Nordamerika oder Australien, kaum Einwanderungsmöglichkeiten für Arbeitssuchende gibt.

Das Asylsystem ist darauf ausgerichtet, denjenigen Schutz zu gewähren, die vor Krieg und Verfolgung flüchten, und seine Akzeptanz und Glaubwürdigkeit in der europäischen Bevölkerung erodiert infolge dieser als »Missbrauch« abgestempelten verfehlten Anwendung. Man kann das Asylsystem sehr schnell entlasten, indem man die Arbeitsmigration herausnimmt und separat reglementiert. Gerade die Coronakrise hat der EU deutlich vor Augen geführt, dass Arbeitskräfte aus Drittstaaten dringend gebraucht werden.

Die Anerkennungsquote für Asylanträge liegt EU-weit gerechnet relativ stabil bei einem Drittel. Wenn man also in Rechnung stellt, dass 2019 in der EU plus (das heißt EU-Mitgliedsstaaten plus Norwegen und Schweiz) 714.000 Asylanträge gestellt wurden, kann man hochrechnen, dass sich mehr als eine halbe Million Menschen in aufwendigen Asylverfahren befinden, wo sie gar nicht hingehören und vielfach gar nicht hinwollten. Europa wendet also sehr viel Geld auf, um in großer Zahl Asylverfahren abzuwickeln, die nicht notwendig sind. Politisch hat das den Effekt, dass das Rechtsmittel des Asyls delegitimiert wird und mittlerweile sogar die Genfer Flüchtlingskonvention von weit rechts angesiedelten Kräften infrage gestellt wird.

Man könnte auch sagen, dass Europa auf diese Weise mit teurem bürokratischen Aufwand arbeitswillige, ja arbeitsbegierige Menschen abwehrt, ohne je zu prüfen, ob sie arbeitsmarktkompatibel wären, während gleichzeitig die europäische Wirtschaft nach Arbeitskräften aus Drittstaaten verlangt, eine irrationale und kontraproduktive Politik. In Deutschland und Österreich will man den sogenannten »Spurwechsel« von der Asylschiene zum Arbeitsmarkt sogar explizit verhindern. Das zeigte sich in Österreich 2018/19 bei der hochemotional geführten Diskussion, ob Asylwerber, die Mangelberufe erlernen, ihre Lehrlingsausbildung abschließen dürfen oder nicht. Wirtschaftlich sinnvoll wäre es, diese Personen auch noch ein, zwei Jahre arbeiten zu lassen, bevor man sie abschiebt. Allerdings ist in der faktenbefreiten Asyldebatte für rationale Erwägungen wenig Platz.

In Deutschland ist die Politik noch weniger nachvollziehbar. Die Autorin hat beispielsweise junge Westafrikaner interviewt, denen aus öffentlichen Mitteln eine Ausbildung zum Altenpfleger bezahlt wurde. Sie hätten auch sofort eine Stelle bekommen, durften aber nicht angestellt werden, weil die Richtlinien inzwischen verschärft wurden.

Um dem Migrationsdruck und der Überlastung der Asylsysteme entgegenzuwirken, braucht Europa intelligente zirkuläre Migrationsprogramme, eine Art Gastarbeiterpolitik 2.0. Anders als bei den Gastarbeitern der siebziger und achtziger Jahre sollte diese nicht ausschließlich am Bedarf der europäischen Wirtschaft nach Arbeitskräften ausgerichtet sein, sondern auch die Bedürfnisse der Betroffenen selbst mitberücksichtigen. Diese wünschen sich vielfach Jobs, wo sie einige Jahre Geld verdienen und ansparen können sowie den Erwerb von Qualifikationen, die ihnen beim Aufbau einer Existenz zu Hause dienlich sein werden. Würde so ein Programm auch noch durch eine Nachbetreuung im Herkunftsland mithilfe von Mentoringprogrammen und Mikrokrediten ergänzt, könnte man damit Arbeitsplätze vor Ort schaffen, den Fachkräfteabgang aus den Herkunftsländern umkehren und den Qualifikationslevel insgesamt erhöhen. Das wäre nachhaltige Entwicklungszusammenarbeit.

Gleichzeitig würde so eine Vorgangsweise den Arbeitskräftebedarf der europäischen Wirtschaft auf sozial und politisch verträgliche Weise abdecken.

THESE 4:
FLÜCHTLINGE IN DEN ERSTASYLLÄNDERN ORDENTLICH ZU VERSORGEN IST KOSTENGÜNSTIGER FÜR EUROPA UND SICHERER FÜR ALLE

Der Krieg in Syrien brach 2011 aus. Erst vier Jahre später kamen syrische Flüchtlinge in größerer Zahl in das völlig unvorbereitete Europa. Dabei war diese Weiterwanderung absehbar, denn die Erstasylländer wurden mit ihren Problemen alleingelassen. Die Geberländer stellten dem UN-Flüchtlingshilfswerk UNHCR damals nur 30 Prozent (!) der Mittel zur Verfügung, die nötig gewesen wären, um die Menschen in Jordanien, dem Libanon und der Türkei halbwegs adäquat zu versorgen. Hilfe gab es nur für die Allerschwächsten. Wer noch konnte, zog also irgendwann weiter nach Europa.

Die europäische Politik hat nichts daraus gelernt. Im Herbst 2018 musste die UNO mangels Budget sowohl die Lebensmittelhilfe als auch die finanzielle Unterstützung für kurdische Flüchtlinge aus Syrien im Nordirak drastisch reduzieren. Die neue Lage schlug sich sofort in der Stimmung der Betroffe nen nieder. Die Autorin, die sich zu dem Zeitpunkt gerade im Nordirak aufhielt, interviewte mehrere Dutzend Bewohnerinnen und Bewohner der Lager in Sulaymaniyah. Die Mehrheit der Befragten gab an, sie würden nun erstmals erwägen, nach Europa weiterzumigrieren. Schlepperangebote gebe es genug, sagten sie.

2019 war die Lage nicht besser. Laut den Zahlen des UN-Flüchtlingshilfswerks UNHCR war das Budget für afghanische Flüchtlinge in den Nachbarländern zu 49 Prozent ausfinanziert. Für syrische Flüchtlinge im Nahen Osten lag der Finanzierungsgrad für UNHCR-Hilfe bei immerhin 58 Prozent; für den Irak, eines der Hauptherkunftsländer von Asylsuchenden in der EU, bei kargen 27 Prozent und für somalische Flüchtlinge am Horn von Afrika bei 36 Prozent. Im Großen und Ganzen handelt es sich bei den fehlenden Beiträgen um Summen unterhalb der Zwei-Milliarden-Grenze.

Dass die Industriestaaten hier nicht mehr beitragen, ist doppelt widersinnig. Rein wirtschaftlich gesehen ist die Versorgung von Menschen in den Erstaufnahmeländern um ein Vielfaches billiger, man kann also mit dem gleichen Betrag mehr Menschen unterstützen und so die Sekundärmigration eindämmen. Auch blieben die Menschen in der Regel gerne in ihrer Region, weil sie ihnen kulturell, sprachlich und klimatisch vertrauter ist als ferne Länder.

Eine Forschungsarbeit von Sjoerd Visser von der holländischen Radboud University errechnete 2018, dass die EU zwischen 2002 und 2018 mindestens 12,1 Milliarden in den Außengrenzschutz investiert hat. Diese Ausgaben beinhalten das Budget der Grenzschutzagentur Frontex sowie indirekt ausgewiesene Ausgaben, verbucht als Aufwendungen für den Europäischen Außengrenzfonds, für Visa und Grenzüberwachung, Nachbarschaftspolitik, Nothilfeprogramme und Forschungsfonds. Nutznießer dieser Ausgaben waren laut der Studie unter anderem private Sicherheitsunternehmen wie Airbus, Selex und Thales, die auch zu den wichtigsten Waffenproduzenten der Welt gehören. Nicht eingerechnet in diese 12 Milliarden sind die nationalen Grenzschutzausgaben der EU-Mitgliedsstaaten, die mit Sicherheit zusammengenommen ein Vielfaches dieses Betrags ausmachen.

Dazu kommen noch die Ausgaben der Grenzschutzagentur Frontex. Diese begann ihre Tätigkeit im Jahr 2005 mit einem Jahresbudget von sechs Millionen Euro. Bis 2020 hat sich dieser Betrag auf mehr als das 75-Fache auf 460 Millionen Euro vervielfacht, Tendenz weiter steigend.

Hier wird also sehr viel Geld in den Grenzschutz investiert, um am Ende des Migrationsprozesses die Menschen abzuwehren anstatt um viel weniger Geld Bedingungen zu schaffen, dass diese Menschen sich gar nicht erst gezwungen sehen, ihre Aufenthaltsorte zu verlassen und nach Europa zu ziehen.

THESE 5:
BESSERE UND SCHNELLERE ASYLVERFAHREN UND RASCHE RÜCKFÜHRUNG VON NICHT-SCHUTZBERECHTIGTEN IST MENSCHLICHER UND KANN DAZU BEITRAGEN, IRREGULÄRE MIGRATION EINZUDÄMMEN

In den meisten Ländern Europas dauern Asylverfahren mehrere Jahre. Asylbehörden sind notorisch unterbesetzt, es sind zu wenige und zu wenig ausgebildete Mitarbeiterinnen und Mitarbeiter. Oft gilt die Arbeit in der Asylbehörde sogar als eine Art Strafdienst für missliebige Beamtinnen und Beamte. Weil die Qualität der Entscheide so schlecht ist, dass sie häufig von höheren Instanzen aufgehoben werden müssen, geht ein Großteil der abgelehnten Asylwerberinnen und Asylwerber in die Berufung, was die Verfahren verlängert und für die Aufnahmestaaten maßgeblich verteuert.

Das rechtspopulistische Narrativ stellt diese wartenden Asylwerber als Parasiten hin, die auf der faulen Haut liegen und von Steuergeldern braver Bürgerinnen und Bürger ausgehalten werden. Das schafft eine zunehmend flüchtlingsfeindliche Stimmung in den Aufnahmegesellschaften.

Die Betroffenen selbst leben jahrelang in einer Art Handlungsvakuum. Sie wissen nicht, wie ihre Zukunft aussehen wird, ob sie sich anstrengen sollen, die Sprache zu erlernen und ihre Integration voranzutreiben oder ob sie sich vor der Rückführung fürchten sollen. Jene, die am Schluss einen Schutzstatus bekommen, mussten wertvolle Jahre ungenutzt verstreichen lassen, statt zu arbeiten und auf eigenen Füßen zu stehen.

Jene, die nicht schutzbedürftig sind, verlieren ebenfalls wertvolle Lebenszeit, bevor sie zurückgeschickt werden. Wer nach vielen Jahren abgeschoben wird, hat nicht nur viele seiner Kontakte zu Hause verloren, er wird mit Schimpf und Schande empfangen. Die Rückkehr wird von den Freunden und Angehörigen zu Hause als persönliches Scheitern des Abgeschobenen interpretiert und nicht als das direkte Resultat irregulärer Migration. Aus diesem Grund haben solche verspäteten Rückführungen keine pädagogische Wirkung im Herkunftsland, und potenziell Migrationswillige ziehen keine Lehren daraus.

THESE 6:
DEN SCHLEPPERKARTELLEN UND MENSCHENHÄNDLERRINGEN MUSS MAN ENDLICH DAS HANDWERK LEGEN

Im Hochsommer 2019 konnte man sich um 5500 Euro aus der Türkei nach Schengen-Europa schleppen lassen, nach Großbritannien kostete es 8000 Euro. Das Angebot galt vom 1. Juli bis zum 1. August. Für den Diskontpreis von 3500 Euro kam man von Rumänien nach Italien. Eine Reise von Belarus nach Polen war um günstige 1000 Euro für Erwachsene und 800 Euro für Kinder zu haben. Schengen-Visa wurden um 2000 Euro verkauft, Reisekosten nicht inbegriffen. Gestohlene Pässe sind jederzeit im Angebot. Alles ist unverschlüsselt auf Facebook und Instagram zu finden. Da sind internationale Verbrecherkartelle am Werk, die verzweifelten Menschen falsche Hoffnungen machen, um ihnen das letzte Geld abzupressen.

Je strenger die Grenzen bewacht werden, desto profitabler wird das Business der Schlepper. Europol geht davon aus, dass mindestens 90 Prozent der Personen, die illegal in Europa einreisen, zumindest für einen Teil der Strecke die Dienste von Schleppern in Anspruch genommen haben. Menschenschmuggel ist für die Ausführenden mit weniger Risiko behaftet als Drogen- oder Waffenhandel. Er gilt als einer der profitabelsten Zweige des organisierten Verbrechens.

Die Profite der Schlepper sind schwer abzuschätzen, weil ihre Geschäfte naturgemäß geheim ablaufen und nur von Durchschnittspreisen und der Zahl von 91.000 illegal eingereisten hochgerechnet werden können. Der bloße illegale Grenzübertritt in die EU kostete 2019 gemäß den Berechnungen von Europol je nach Route und Transportmittel zwischen 220 und 2500 Euro. Damit ergeben sich Gesamteinnahmen von 160

Millionen Euro. Nicht eingerechnet sind in dieser Summe jene Beträge, die schon bei früheren Reiseabschnitten innerhalb von Asien und Afrika an Schlepper bezahlt werden sowie die noch viel höheren Lösegelderträge, die Menschenhändler vor allem in Libyen einnehmen.

Sjoerd Visser von der Universität Raboud hat versucht, die gesamten Einnahmen der Schattenindustrie des Menschenhandels und -schmuggels nach Europa zwischen 2015 und 2018 zu extrapolieren, und kommt auf einen Betrag von 3,4 Milliarden Euro, die von Flüchtlingen und Migranten bezahlt wurden. Das sind immense Summen, die nicht in die Entwicklung von Staaten oder in das Schaffen von individuellem Wohlstand investiert, sondern internationalen Verbrecherkartellen zugeführt werden.

Abgesehen vom Leid der Betroffenen, die nicht nur Geld, sondern im schlimmsten Fall auch ihr Leben verlieren, kann es nicht im Interesse Europas sein, dass kriminelle Netzwerke immer reicher und mächtiger werden. Je profitabler das Geschäft, desto aggressiver werben Vertreter dieser Kartelle in den Herkunftsländern neue Reisende an und tragen damit zum Anstieg der irregulären Migration bei.

Dennoch wird relativ wenig unternommen, um diese hierarchisch aufgebauten internationalen Strukturen zu zerschlagen. Ab und zu werden irgendwo in Europa Fahrer von illegalen Menschentransporten verhaftet, was den Medien als »großer Schlag gegen die Schlepper« verkauft wird. In Wirklichkeit handelt es sich bei denen, die tatsächlich mit Migrantinnen und Migranten in Berührung kommen, um kleine Fische. Schließlich ist der Aufgriff eines Straßendealers ja auch nicht gleichzusetzen mit der Verhaftung eines Drogenbosses.

Warum nicht konzertiert gegen die Schlepper- und Menschenhändlerkartelle vorgegangen wird, bleibt unverständlich.

Über Inserate in sozialen Medien mit Kontaktdaten könnte man sie ebenso orten wie über die Geldflüsse, denn die Bezahlung erfolgt fast immer elektronisch und ließe sich daher ohne Weiteres zurückverfolgen. Es gilt die alte Polizeiregel: Follow the money!

THESE 7:
EUROPA MUSS FLÜCHTLINGE WEITERHIN AUFNEHMEN, SONST VERLIERT ES SEINE IDENTITÄT

Migration muss und soll gemanagt werden, aber für Hysterie besteht kein Grund. Europa ist nicht »überschwemmt«. Nur wenige Top-Aufnahmeländer haben bis zu 5200 Asylwerber pro einer Million Einwohner, die meisten viel, viel weniger. Jordanien hat zum Vergleich fast 180.000 Flüchtlinge pro einer Million Einwohner aufgenommen.

Europa ist die Wiege der Menschenrechte und jener Kontinent, der Verfolgten stets aus humanitärer Überzeugung Schutz geboten hat. Das ist Teil seiner politischen DNA. Manche geben heute vor, dass man den Charakter Europas nur dann schützen und erhalten kann, wenn man den Kontinent mit Stacheldraht umgibt und Menschen in Lebensgefahr abweist. Genau das Gegenteil ist der Fall: Der Kern Europas, seine prägenden Werte und Traditionen, werden auf diese Weise zerstört und durch ein System ersetzt, das mit Demokratie und Menschlichkeit nicht vereinbar ist.

22,-